열린다! 진로

발행일	2018년 8월 31일		
지은이	정 학 경		
펴낸이	손 형 국		
펴낸곳	(주)북랩		
편집인	선일영		편집 오경진, 권혁신, 최예은, 최승헌, 김경무
디자인	이현수, 김민하, 한수희, 김윤주, 허지혜	제작 박기성, 황동현, 구성우, 정성배	
마케팅	김회란, 박진관, 조하라		
출판등록	2004. 12. 1(제2012-000051호)		
주소	서울시 금천구 가산디지털 1로 168, 우림라이온스밸리 B동 B113, 114호		
홈페이지	www.book.co.kr		
전화번호	(02)2026-5777		팩스 (02)2026-5747

ISBN   979-11-6299-307-1 43370 (종이책) 979-11-6299-308-8 45370 (전자책)

이 도서의 국립중앙도서관 출판예정도서목록(CIP)은 서지정보유통지원시스템 홈페이지(http://seoji.nl.go.
kr)와 국가자료공동목록시스템(http://www.nl.go.kr/kolisnet)에서 이용하실 수 있습니다.
(CIP제어번호 : CIP2018027885)

(주)북랩 성공출판의 파트너

북랩 홈페이지와 패밀리 사이트에서 다양한 출판 솔루션을 만나 보세요!

홈페이지 book.co.kr • **블로그** blog.naver.com/essaybook • **원고모집** book@book.co.kr

미래를 준비하는 십대를 위한 진로 코칭

열린 진로

정학경 지음

기존의 직업이 사라지는 4차 산업혁명 시대
평생 10개의 직업을 거친다는 장수 시대

스스로 미래를 개척하는 능력, 진로지능이 필요하다!

북랩 book Lab

세상에는 자기 안의 음악을 펼쳐보지도 못하고
죽음을 맞는 사람들이 의외로 많다

- 올리버 웬델 홈스

　오디션 프로그램에 나가는 '나'를 한 번 상상해 볼까요? 두근두근
한 가슴 떨림이 느껴지고 나만의 '끼'와 '열정'을 불태울 준비가 되었
나요? 나의 열정에 사람들이 환호하는 그 모습 말입니다. 사실 우
리는 모두 저마다 자신의 인생 오디션에 참가하고 있답니다. 이 세
상 모든 사람들은 내 안의 멋진 음악을 펼쳐보고 싶은 간절한 열
망을 가지고 있습니다. 자신의 존재가 활짝 피어나는 그 환희에 찬
순간을 경험할 수 있길, 몰입과 열정으로 자신의 최대 버전을 만나
고 성취감을 맛보길 말이죠. 그래서 한 번 사는 소중한 인생, 사람
들은 저마다 자신 안에 숨어 있는 멋진 음악을 찾아서 다른 이들
에게 들려 주고자 많은 노력을 합니다.

　저는 나름 입시 상담을 잘해서 학생들을 좋은 대학에 잘 보냈습
니다. 저도 그 친구들을 정말 자랑스러워하고 대견해합니다. 아무
리 도움을 받더라도 궁극적으로는 본인이 잘해야 들어가는 것이

니까요. 그런데 대학에 들어간 뒤 술을 마시며 울면서 저를 찾은 학생이 있었습니다. 당황한 저는 왜 그러냐고 물었고 그 학생은 이렇게 말했습니다.

"선생님이 말한 대로, 부모님이 바라는 대로 정말 노력해서 좋은 대학에 왔는데 내가 원하는 게 뭔지를 모르겠어요. 근데 그렇다고 그만두지도 못하겠어요. 안 맞는 걸 알지만 그렇다고 다시 백지가 되는 것도 싫고."

안 맞는 걸 알면서도 그만둘 수 없다는 학생들. 재미있을 줄 알았는데 너무나 허무하다 못해 가슴이 공허한 대학생활. 앞으로도 뭘 어떻게 해야 할지. 일단 괜찮은 대학에 들어오긴 했는데 전공과 상관없이 토익과 공무원 시험을 준비해야 하는 것인지. 그때 저는 처음엔 뒤통수를 맞은 느낌이었습니다. 그다음엔 저도 모르게 눈물이 나왔습니다. 그냥 그 막막함이 저에게도 전해졌기 때문입니다. 순간 또 드는 생각이 있었습니다.

'도대체 내가 애들한테 뭘 한 거지?'

이 사건을 계기로 저는 더 진로교육에 대해 고민하게 되었습니다. 그 전에도 일단 대학에 들어가고 보자는 식으로 한 적은 없었다고 생각했는데 이런 사건을 겪으니 더 진로의 중요성을 실감하게 되었습니다. 그래서 나름 더 연구하고 노력했습니다.

이 세상 모든 사람은 그 안에 신에게 부여받은 타고난 재능이 있습니다. 그런데 그것을 펼쳐보지도 못하고 한 번뿐인 인생을 마지못해 억지로 사는 사람들이 참 많습니다. 지금 대한민국은 꿈과 열정으로 역동해야 할 청소년들이 무기력에 지배당하고 있습니다. '나'라는 악기에서 나는 소리에 귀를 기울여 볼까요? 그것이 나를 발견하는 것입니다. 그런데 발견된 나와 실현된 나는 다릅니다. 발견한 뒤엔 어떻게 갈고닦고 어떻게 조율되느냐에 따라 내 소리, 내 리듬, 내 하모니의 가치가 180도 달라진답니다. 나의 음악을 멋지게 연주하게 될 때 비로소 나는 진정으로 행복해집니다. 이 멋진 음악을 연주하느냐 못하느냐는 '개인'의 문제만은 아닙니다. 사회 전체의 문제입니다. 우리 모두 각자의 분야에서 최고의 음악을 연주하고 그 소리가 의미 있는 울림이 될 때 '나'도 행복해지고 '우리 사회'도 더 행복하고 아름다워지며 더 잘살게 될 것이기 때문입니다.

정답이 아닌 나만의 삶을 찾아가는 진로

세상은 정말 빠르게 변하고 있습니다. 이제 곧 2020년을 바라보고 사람들은 평균 수명 100세를 넘어서서 120세까지도 바라보고 있습니다. 4차 산업혁명이다 뭐다 해서 두렵고 불안하기도 하지만 확실한 건 이제는 '내가 원하는 삶을 만들어가는 방법을 깨우치고 행하는 사람이 행복을 거머쥐는 시대'라는 것입니다. 그래서 진로교육은 정말 중요합니다.

이 책은 진로에 대한 관점을 잘 세우고 구체적으로 진로를 찾을 수 있도록 만들어졌습니다. 진로에 대한 오해는 바로잡고 진로에 대한 기준을 제시하여 안에서 자연스럽게 '진로지능'을 키울 수 있도록 구성되었습니다. 최대한 구체적인 사례를 제시하려고도 노력했습니다. 무엇보다 Part 3의 'S·T·O·R·Y' 프로세스는 어느 누구나 진로를 찾을 수 있도록 시스템적으로 접근한 결과물입니다. 그래서 정말 진로가 열리도록 간절한 마음을 담았습니다.

나무 한 그루가 작은 싹에서 시작되듯, 성장에는 늘 깜짝 놀랄 만한 요소가 있습니다. 그 성장의 지점에서 어떤 햇빛과 물과 영양소를 만나는지가 정말 중요합니다. 이 책이 그런 마중물 역할을 할 수 있길 간절히 바랍니다. 인생의 가장 아름다운 시기, 그만큼 혼란스럽고 위험하기도 한 시기를 거치는 이 땅의 청소년들이 이 책을 통해서 뜨거운 꿈을 향해 달려갈 수 있길 소망합니다.

2018년 8월

정학경

C O N T E N T S

Part 04 부와 가치를 스스로 창출하는 창의적인 열정가가 되자

Part 01

100년 이상의 삶
이제 진로지능이 필요하다

아무리 귀한 보물이라도

엉뚱한 곳에 가져다 놓으면 쓰레기가 된다.

성공의 비결 역시

자신의 자리를 정확히 찾아내는 데 있다.

- 벤자민 프랭클린(Benjamin Franklin)/발명가, 정치가

지금껏 알고 있던
성공의 공식이 깨지고 있다

> 3포 세대? 5포 세대?
> 그럼 난 육포가 좋으니까 6포 세대
> 언론과 어른들은 의지가 없다며
> 우릴 싹 주식처럼 매도해
> 왜 해보기도 전에 죽여 걔넨 enemy enemy enemy
> 왜 벌써부터 고개를 숙여 받아 energy energy energy
> 절대 마 포기 you know you not lonely
> 너와 내 새벽은 낮보다 예뻐
> So can I get a little bit of hope? (yeah)
> 잠든 청춘을 깨워 go
>
> - 방탄소년단, '쩔어' 중

    방탄소년단이 부른 「쩔어」라는 노래의 일부입니다. 현재 대한민국의 청년들은 연애, 결혼, 출산, 내 집 마련, 인간관계를 포기한다는 '5포 세대'로 불리고 있습니다. 최근에는 더 추가되어서 연애, 결혼, 출산, 내 집 마련, 인간관계, 꿈, 희망을 포기한 '7포 세대'까지 나왔습니다. 그만큼 청년의 일자리와 경제상황은 침체되어 있는 상황에서 이들은 급기야 '모든 것을 포기한 세대'가 되어 버린 것이죠. 어떻게 하다가 인생의 가장 멋진 선물 중 하나인 연애, 결혼, 출산 등을 포기하는 세대가 되었을까요? 여러분은 '7포 세대'에 대처하려면 어떤 삶의 자세를 가져야 한다고 생각하나요?

기존에 어른들이 만든 성공의 공식이 있습니다. 높은 성적을 받고 좋은 대학에 가서 사회적 지위가 높은 직업을 갖고, 돈을 많이 벌어 가정을 꾸리는 게 그간 이견이 없는 성공의 정의였어요. 하지만 세상이 변했어요. 부모님들이 성공이라고 외치던 그 전형적인 공식이 깨졌답니다. '치킨집 수렴의 법칙'을 알고 있나요? 대한민국에서는 아무리 공부를 잘해서 좋은 대학에 들어가고 좋은 곳에 취직을 해서 직장을 잘 다녔어도 결국 퇴직 후에는 어떤 분야를 전공했든 누구나 치킨집 사장님이 된다는 웃기고 슬픈 이야기 말입니다. 이제 우리는 100세 넘는 인생을 살 것인데 그렇다면 퇴직 후에도 길게는 40년을 먹고 살아야 합니다. (그것도 60살까지 정년이 보장되고 60대에 퇴직을 한다는 전제하에 말입니다.)

개구리를 미지근한 물에 넣고 서서히 물의 온도를 높이면 어떻게 될까요? 물의 온도에 적응하면서 뜨거운 물속에서 서서히 마비되어 죽어 간다고 합니다. 이런 모습을 사회현상에 빗대어 '삶은 개구리 증후군(Boiled Frog Syndrome)'이라고 하는데요. 서서히 진행되는 환경 변화에 무감각해져 최악의 결말을 맞이하는 현상을 말합니다. 세상이 변하고 있습니다. 4차 산업혁명, 일자리 축소, 고령화 시대 등의 영향으로 직업세계는 빠르게 변화하고 있고, '고용 없는 성장'이 노동시장의 대세로 자리 잡고 있습니다. 죽어라 공부해서 놀고 있는 청년들이 늘어났습니다. 이런 시대적 변화 속에서 우리는 아무 생각 없이 여전히 공부만 열심히 해서 일단 좋은 대학에 들어가고 봐야 할까요?

'중2병'보다 더 무서운 '대2병'이 있답니다. 대2병은 대학교 들어가서 걸리는 병인데 평소보다 우울해지면서 무기력해지고 미래에 대한 걱정과 불안이 늘어나는 현상을 보여줍니다. 저도 대2병에 걸린 대학생들 인생 상담을 정말 많이 해 준답니다. 술 마시고 울면서 전화하는 친구들도 정말 많지요. 대부분 공통적으로 이런 말을 해요.

"정말 열심히 해서 들어왔는데 대학 생활이 재미가 하나도 없어요. 일단 대학 들어가면 나 하고 싶은 거 다 할 수 있고 여기 가면 안정적이라는 그 말 듣고 전공을 선택했는데요. 일단 성적부터 올리면 선택의 폭이 넓어지고 제가 좋아하는 걸 찾게 될 거라는 그 말만 믿고 달려왔는데. 괜히 부모님 말만 들은 거 같아요. 그런데 그렇다고 이제 와서 재수나 자퇴도 못 하겠어요. 요즘 뭘 어떻게 해야 할지. 일단 휴학부터 하려고요."

명문대 다니는 학생일수록 더욱 이러지도 저러지도 못하는 경우를 봅니다. 그 대학 이름이 아까우니까요. 그토록 들어가고 싶었던 지하철 2호선에 속하는 대학교 이름이 적힌 '과'점퍼를 입고 다닐 때 자기를 보는 사람들의 눈길이 좋은 것도 사실이니까요.

대한민국에서의 삶이 팍팍하고 어려운 것은 많은 이유가 있지만 그중에 하나를 찾는다면 저는 각 개인이 '진로지능'이 부족하다는 점을 꼽습니다. 앞으로 우리는 120살까지나 삽니다. 그러면서 한 사람이 삶에서 만나는 직업은 평균적으로 10개라고 합니다. 20살 아니 넉넉히 잡아서 30살까지는 배움의 기간이라고 할 때 나머지 100년 동안의 삶은 어떻게 살아야 할까요? 삶이 즐거워야 하지 않을까요? 그렇다면 삶은 어떨 때 즐거울까요? 즐거움의 주된 요소는 많은 것들이 있지만 그중 하나가 바로 '성취감'을 느낄 때입니다. 놀랍게도 우리 인생 최고의 순간은 먹거나 한가하게 쉴 때가 아닙니다. 우리 인생 최고의 순간은 힘들긴 하지만 내 최고치의 능력을 필요로 하는 '일'에 완전히 몰두하고 난 뒤 느껴지는 뿌듯한 성취감으로부터 옵니다. 그런데 자신에게 맞지 않는 일을 마지못해 억지로 하면서 그날 하루하루를 대충 수습하며 살아간다면 어떨까요?

진로는 단순한 직업 선택이 아니라
삶의 성취다

　다음은 대부분의 사람들이 살아가는 인생의 그래프입니다. 20대까지 드라마틱하게 상승해서 30대까지 정점을 찍고 점점 하향곡선을 보이고 있습니다. 대부분 사람들은 대학 입시에 목을 매고 대학 입학 후에는 취업을 위해서 20대 중반까지 자기계발을 열심히 합니다. 그러다가 직업을 선택한 20대 후반 30대 초반부터는 20대까지 투입된 지식과 기술로 버티다가 40대에는 쇠퇴하는 모습을 보입니다. 즉, 20대와 30대까지만의 직업이 전부라고 생각해서 계속 비슷한 수준의 자기계발과 성취감으로 살아가다가 경제력을 상실한 순간 뚝 떨어지는 것이죠. 그런데 앞으로는 100세 이상을 산다는데 이런 그래프가 여전히 올바른 것일까요?

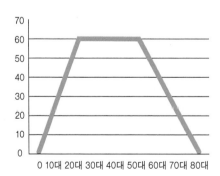

자기계발, 커리어 성취감, 경제력

반면 다음 그래프를 살펴볼까요?

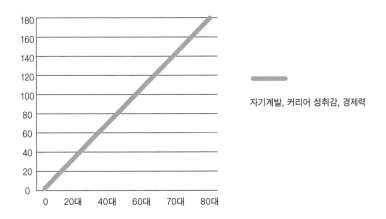

자기계발, 커리어 성취감, 경제력

앞의 그래프를 보면 꾸준히 올라가는 모습을 보입니다. 꿈을 이루고 성공한 사람들의 그래프가 이와 같다고 합니다. 누가 시켜서 하는 공부가 아니라 자기주도력을 가지고 자기계발을 왕성하게 하면서 자신의 영향력과 경제력을 확장해 나가는 것이지요. 비록 단 1㎝라도 1년 전보다 지금 더, 어제보다 오늘 더, 오늘보다 내일 더 성장하고 발전하는 모습이 있다면 100세 이상의 삶이 두렵지 않겠죠? 지금까지는 일단 좋은 대학에 들어간 뒤 20대에 평생 직업을 선택하는 것에만 초점이 맞춰져 있었습니다. 젊은 시절의 썩 괜찮은 직업 하나만을 갖는 진로교육만으로는 4차 산업혁명 시대, 초고령화 시대, 높은 실업률 시대를 결코 행복하게 살아갈 수 없습니다. 우리는 이제 100년 동안의 직업세계에서 최소 10개의 직업을 가지고 살아갈 것입니다. 그래서 여러 번 직업을 바꿀 텐데 그때마다 마지못해 억지로 학원 끌려다니듯 무기력하고 수동적으로 살아갈 수는 없지 않겠습니까. 그래서 여러분은 단순히 직업을 처방 받는 것으로 만족할 것이 아니라, '평생 성공'을 해 나갈 수 있는 그 계획 능력의 씨앗을 심고 자라게 해야 합니다. 즉, '진로(커리어) 성취 계획'을 해나가는 진로지능은 이처럼 어릴 때부터 어른이 된 그 이후에도 실질적으로 가장 필요하고 중요한 능력입니다.

새로운 교육제도의 키워드 '진로지능'

　이제 미래시대의 직업세계는 크게 변화됩니다. 많은 변화가 있겠지만 크게 두 가지로 압축할 수 있습니다. 바로 '일자리의 60%는 탄생되지 않았다는 것'과 '현재의 10대들은 평생 5개 이상의 직업, 17개의 직장을 옮겨 다닐 것'이라는 예측입니다. 10대인 여러분은 이 두 개의 큰 흐름에 대비해야 합니다. 시대가 바뀌면 돈 버는 방식이 바뀌고 돈 버는 방식이 바뀌면 교육도 바뀝니다. 그래서 우리나라 교육제도와 입시제도도 많이 변화했습니다. 기존의 제도만으로는 급변하는 미래 시대에 인재를 키워 낼 수 없다고 여기기 때문입니다. 현재 시행 중인 '2015 교육과정', '자유학기제', '학생부종합전형'과 앞으로 실행될 '고교학점제'. 이들의 공통점은 무엇일까요? 바로 '진로역량'입니다. 모두 진로와 연관이 있는 교육 제도로 진로지능을 키워주려는 것입니다. 중학교 자유학기제와 고등학교 학생부종합전형은 한 트랙으로 연결되었습니다. 중학교 때 자유학기제 기간을 통해 희망 진로 분야나 아니면 관심 분야를 결정하고, 고등학교 때는 그 관심 분야에 맞게 학교생활을 해서 '학업역량', '전공적합성', '발전가능성', '인성'을 증명하는 것이 바로 '학생부종합전형'입니다.

2015 교육과정에서 고등학생은 문과와 이과 구분 없이 1학년에 공통과목인 국어, 수학, 영어, 한국사, 통합사회, 통합과학, 과학탐구, 실험을 이수하고 2학년에 일반 선택과목과 진로 선택 과목들 중 자신의 선택에 따라 교과목을 배웁니다. 이때 교과목 선택에는 나름 '흥미의 일관성'이 있게 되는데 이 일관성의 기준이 바로 본인의 '진로'이고 이 교과목의 선택은 바로 '학생부종합전형'에서 학업역량과 전공적합성을 증명하기에 중요한 지표가 됩니다. 그런데 이때 만약 진로지능이 없다면 어떻게 될까요? 아마도 친구 따라서 선택 과목을 듣거나 담임선생님이 임의로 짜 준 교과목을 재미없게 듣게 되겠죠? 그러면 나중에 입시에서도 후회를 하게 될 것입니다. 왜냐면 이제 입시는 수시가 대세이고 수시 안에서도 학생부종합전형이 중요한데 학생부종합전형 성공의 가장 큰 변수가 바로 '진로'이기 때문입니다. 진로라는 큰 그림에 맞춰서 본인이 좋아하고 필요한 과목을 선택해서 듣는다면 본인이 좋아서 선택했기에 자연스럽게 성적도 오를 확률이 높습니다. 그러면 학업역량도 자연스럽게 증명이 되고 열정적으로 학교생활을 할 테니 발전가능성까지 증명하는 것입니다. 그런데 진로지능이 부족한 학생들은 여전히 남이 짜 준 시간표로 아무 생각 없이 학교를 다니는 셈이 되고 마는 것입니다.

이처럼 진로지능이 높은 사람은 아마도 물 만난 고기처럼 행복할 것입니다. 자기의 진로를 위해 자기가 학교생활의 주인이 되어

하고 싶은 공부를 한다는 것이 큰 즐거움일 것입니다. 이런 학생은 고교학점제도 자기주도적으로 활용할 것이기에 시간의 자유가 더욱 생길 것입니다. 고교학점제가 중요한 이유는 개인 맞춤형 진로교육을 일상에서 실천할 수 있기 때문입니다. 먼저 학생 스스로 배우거나 하고 싶은 분야를 알아야 관련 과목을 찾아 선택할 수 있지요. 학생이 자신의 적성과 소질을 알고 진로 비전을 세우면 국어, 영어, 수학 교과목이 아닌 본인에게 맞는 진로 맞춤 과목을 배우고 싶어질 테니 저절로 공부도 하고 싶은 마음이 솟아나게 됩니다. 만약 자신의 학교에 자신이 듣고자 하는 과목이 개설되어 있지 않으면 다른 학교에 가서 그 과목을 듣고 학점을 이수할 열정까지 보일 것입니다. 이런 학생은 입시에서도 성공하겠지만 입시 그이상의 자기주도력과 성취감이 충만할 것입니다.

진학은 진로를 위해
존재한다

여덟 살의 꿈

나는 사립초등학교를 나와서
국제중학교를 나와서 민사고를 나와서 하버드대를 갈 거다.
그래 그래서 나는 내가 하고 싶은
정말 하고 싶은 미용사가 될 거다.

    몇 년 전 한 동요 가요제에서 초등학교 1학년 아이가 만든 노래
랍니다. 그 당시 유명한 뉴스에 소개가 될 정도로 화제였었죠. 이
런 웃기고도 슬픈 노래가 불리는 현실이 어떤가요? 지금까지는 진
로야 어떻든 일단 좋은 대학에 들어가고 보자는 것이 중요했습니
다. 그래서 아래의 표를 보면 '3단계'가 1순위였고 가장 중요했습니
다. 그런데 이제는 시대가 달라졌습니다. 그저 '인 서울(in Seoul) 대
학'에만 가면 된다는 방식은 서서히 힘을 잃어가고 있습니다. 이제
는 자신을 진지하게 성찰하고 다양한 직업 세계와 미래의 세상을
살피는 '진로지능'을 높인 다음에 자신의 비전을 찾고 그 비전을 이
룰 수 있는 직업을 찾아야 합니다. 즉, 표의 1단계에 해당되는 것을

먼저 해야 됩니다. 그런 다음에 그 직업을 이루기 위해 가장 필요한 학과를 고민하는 2단계를 거쳐야 합니다. 그리고 3단계인 대학을 탐색하는 것입니다. 대학을 찾아본 뒤 내가 원하는 그 대학에 들어가는 다양한 입시 전형에 대하여 정보를 얻어야 합니다. 정보와 전략 없이는 꿈을 이룰 수 없기 때문입니다.

1단계. 비전과 직업
국민이 행복한 국가 정책을 만들도록 돕는 빅데이터 분석가

2단계. 학과 선택	3단계. 학교 선택
통계학	서울대 통계학, 연세대 응용통계학, 고려대 통계학과, 서울시립대 통계학과, 이화여대 통계학 전공
컴퓨터공학	서울대, 성균관대, 이화여대, 중앙대 등
수학	서울대, 고려대, 연세대, 성균관대, 한양대 등

4단계. 대학으로 가는 방법
- 수시: 학생부종합 전형, 학생부교과 전형, 논술 전형 - 정시: 수능

이제 시대가 변화되었기에 생각을 바꿔야 합니다. 이제는 '진로 지능'을 얼마나 갖추었느냐에 따라 100년 이상의 삶을 잘 이끌어 갈 수 있답니다. 진학은 인생의 목적이 아니라 진로를 위한 '도구'이자 '징검다리'라는 것을 잊지 마세요.

(*그러나 현실적으로 모두가 어린 시절부터 이 과정으로 진로 진학 로드맵을 설정할 수 없습니다. 위의 경우도 있고 이렇지 못한 경우도 많답니다. 이렇게 못한다고 뒤처지는 것도 아니고 문제가 있는 것도 아닙니다. 이 내용은 Part 2에서 다루겠습니다.)

진로지능의 기본,
'눈'이 뜨이게 하라

    그렇다면 '진로지능'을 높인다는 것은 무슨 말일까요? **자기를 알아가는 여정 속에서 진로를 탐색하는 훈련을 스스로 하는 것입니다. 주어진 대로 따라가는 삶을 사는 것이 아니라 '찾는 능력'을 키워야 한다는 것입니다.** 내가 진짜로 원하는 것이 무엇인지도 모른채 세상과 어른들의 기대에만 맞게 살지 말아야 합니다. 특히 10대가 경제 활동을 할 2030년은 너무 급변하여 아무도 대안을 정확히 제시해 줄 수 없기에 스스로 질문하고 답을 찾는 그 훈련을 미리미리 해야 합니다.

> 세상에는 매우 총명하고 고등교육을 받았으나 성공하지 못한 사람들이 많습니다. 이는 그들이 어려서부터 잘못된 방향으로 교육받고 근면해야 한다는 당위성에 갇혀 있기 때문입니다. 많은 사람이 천재는 99%의 땀과 1%의 영감으로 이루어진다는 말을 믿습니다만 제가 보기에 이 말은 정확하지 않습니다. 부지런하게 일해도 남과 똑같이 해서는 달라지는 것이 없습니다. 성공은 당신이 얼마나 많이 노력하느냐에 달린 것이 아니라 당신이 무엇을 하느냐에 달려 있습니다.
>
>   - 장옌, 『알리바바 마윈의 12가지 인생강의』 중

중국 최고의 자수성가한 부자 알리바바 마윈의 이야기입니다. 꿈을 이루고 성공한 사람은 무조건 열심히 일하고 무조건 열심히 공부하지 않습니다. 그보다 먼저 무엇을 해야 할까를 생각합니다. 즉, 나를 보는 눈을 키우고 세상 돌아가는 것을 파악한 다음 '어떻게 해야 할지'를 생각하는 것입니다. 그러나 우리는 생각하는 훈련을 제대로 받아본 적이 없습니다. 문제를 빨리 풀고 점수를 잘 받는 교육만 받아왔기 때문입니다. 그러니 새로운 사고방식으로 내 길을 찾고 나만의 길을 만들어 나가는 데 서툴 수밖에요. 하지만 걱정하지 마세요. 지금부터 아무 생각 없이 무작정 시험만 치르는 학교생활을 멀리하면 되니까요.

　지금부터 우리는 '나'에 대한 이해를 넓히고 세상과 소통하는 진로지능을 키워야 합니다. 당장 좋은 대학 들어가는 것보다 중요한 것은 '눈'을 틔우는 것입니다. 첫째, 나를 보는 눈이 있어야 합니다. 둘째, 세상을 보는 눈이 있어야 합니다. 그래서 저는 학생들이 자신을 보는 눈을 키우고 자신의 삶과 세상을 연구하는 것을 습관화하여 어려서부터 진로지능을 높이는 법은 무엇인지 연구하게 되었습니다. 청소년 시절부터 현재 자신이 무엇을 잘하고 좋아하며 어떤 문제가 있는지 정확히 진단하고 삶을 설계하여 그것을 실제로 구현할 수 있는 습관을 만든다면 4차 산업혁명에서도 승승장구하는 미래인재로 거듭날 수 있지 않을까요? 이 진로지능의 씨앗은 지금 이 순간 심어야 합니다. 대학 간 다음으로 미루는 것은 이제 어리석은 짓입니다.

레밍 딜레마에서부터
벗어나자

스칸디나비아 반도에는 '레밍'이라는 들쥐가 있습니다. 레밍은 일 년에 한 번씩 '죽음의 질주'를 벌이는데 앞쪽의 쥐들이 뛰기 시작하면 뒤의 쥐들도 그 쥐를 따라서 경쟁적으로 따라 뜁니다. 무리 지어 하루 종일 뛰어다니다가 절벽까지 이르러도 멈추지 못하고 대부분이 떨어져 죽습니다. 앞의 쥐가 떨어져 죽는데도 뒤의 쥐는 여전히 따라 뛰다가 함께 따라 죽는다고 합니다. 왜 이렇게 열심히 달릴까요? 이유는 정말 단순합니다. 남들이 뛰니까 그저 따라 뛰는 것입니다. 앞선 쥐들은 뒤따라 오는 쥐들이 두려워서 열심히 뛰고, 뒤따르는 쥐들은 뒤에 있으니 뒤처져서 앞을 따라잡기 위해 죽을힘을 다합니다. 이 질주는 절벽이라는 돌이킬 수 없는 곳에서야 끝이 나고 맙니다. 허무한 죽음과 함께 말이죠.

이 이야기는 '레밍의 딜레마'라는 유명한 일화입니다. 경쟁 자체에만 푹 빠진 나머지 정작 왜 달리는지, 무엇을 위해 달리는 것인지 본질을 잊고 그냥 무작정 열심히 하는 경우를 비꼬는 이야기입니다. 저는 이 이야기를 학생들에게 꼭 해줍니다. 왜냐면 레밍은 바로 '나'였기 때문이고 여전히 '우리'이기 때문입니다. 때론 지금도

가끔 정신을 못 차리면 어떤 부분에서 나도 모르게 또 레밍이 될 때가 있습니다. 치열한 생존경쟁에서 사람들은 그저 타인보다 앞서기 위해 미친 듯이 달리고 있어요. 그러나 이 경쟁의 끝은 무엇인지, 그리고 이 경쟁에서 이긴다는 것이 무엇을 의미하는지 묻지 않으며 물을 여유도 없습니다. 그 결과 지친 어깨 위로 되돌아오는 것은 대부분의 경우 좌절과 실망뿐이죠.

진로 진학 상담을 하면서 많은 학생들을 만납니다. 특히 고3을 앞둔 아이들은 때로는 저를 점쟁이 취급한답니다.

"선생님이 하라는 것 할게요."

그러면 솔직히 저는 혈압이 오른답니다.

"어? 엄마가 이게 취직 잘된다고 해서 고른 건데. 아니에요? 그냥 좀 취직이나 잘되는 과나 알려 주세요."

"이제 그런 학과, 그런 회사, 그런 직종은 없어. 앞으로 영원히 경기는 좋아지지 않을 것이고 안정적인 직장은 없어. 안정된 곳은 이제 없다고 아예 마음을 비우는 게 나중에 세상에 배신감을 덜 느낄 거야. 네 앞가림은 네가 해야지 로봇보다 나은 존재가 되는 거야. 안 그러면 세상은 너보다 로봇을 고용할 거야. 넌 일하기 싫으면 땡땡이를 치지만 로봇은 피곤함도 없고 감정도 없어서 적어도 대충하지는 않거든."

이렇게 독설을 퍼부을 수밖에 없습니다. 그러면 학생들도 이제 본격적으로 대화를 시작하려고 합니다.

공부를 왜 하는지, 좋은 대학에는 왜 들어가야 하는지, 저 인기 있는 안정적인 직업은 왜 해야 하는지, 의대와 교대가 왜 좋은지에 대한 생각 없이 돈 잘 벌고 어른들이 좋다고 하니까 가면 좋지 않을까 생각합니다. 제대로 된 고민과 확인 없이 '카더라'만 듣고 막연함 속에 확신 없이 자신도 모르는 사이 인생길을 정해 버린 것입니다. 이러니 속 빈 강정, 요란한 빈 수레처럼 죽기 살기로 치열하게 살지만 성취감도 못 보고, 속은 속대로 곪아 결국 괴롭고 허무하죠. 우리의 삶은 무작정 달리기 시작한 레밍과 같습니다. 문제는 이 무작정 달리기를 너무 이른 나이에 시작하는 아이들이 많다는 것입니다. 어떤 아이는 엄마 뱃속에서부터 시작하기도 하고 어떤 아이는 어린이집에서부터 시작하기도 합니다. 때로는 이 아이들은 진정 원하는 것은 잘 모르면서 안다고 착각하기도 합니다. '전교 1등'을 목표로 초등 4학년부터 고3까지 약 10년을 열심히 살았지만 대학에 들어가는 원서를 쓸 때부터 스무 살 이후에도 남들 눈에 좋아 보이는 것만 골라서 사는 학생들도 있습니다. 인생이란 게 참 정직해서 정말 간절히 원해서 노력해도 될까 말까인데 그냥 남들이 좋다는 것을 별 생각 없이 대하니 한 번 사는 생이 참 아쉬운 것입니다.

'나는 누구인가?', '내가 진정 원하는 삶은 어떤 것일까?', '어떻게 원하고 바라는 삶을 살고 누릴 수 있을까?', '공부는 왜 해야 하지?', '나는 뭐 해먹고 살아야 하지?' 이런 질문은 나중에 대학 가서 하는 게 아닙니다. 미래를 살아갈 미래 인재인 바로 '나'에게 지금 이 순간 필요한 질문입니다.

대한민국 학생들은 '인서울 대학은 나와야 잘된다 → 나는 인서울 대학이 아니다 → 이생망! 이번 생은 시작부터 망했다'라고 생각하고, 인서울 중에서 더 선호하는 학교가 SKY라면 'SKY대는 나와야 잘되는데 → 나는 SKY가 아니다 → 나는 시작부터 망했다'라고 여기기도 합니다. SKY대에서도 S대가 아닌 학생들은 '아, S대는 나와야 대한민국에서는 잘되는데'라면서 또 열등감에 휩싸입니다. 그런데 그것 아나요? S대 학생이라도 아이비리그 대학교 학생과 비교하면서 '하버드 정도는 나와야 하는데 → 나는 S대밖에 안되는구나 → 망했다' 이렇게 생각의 꼬리를 문답니다. **우리는 실제로 존재하지도 않는 허상을 만들어 비교하고 열등감에 휩싸여 얼마나 자신이 부족한지 우울해하며 어둠의 시간을 보냅니다.** 그런데 이제 이 짓은 그만두어야 합니다. 이 짓거리부터 그만두고 자유하지 않으면 절대로 진짜 나의 진로는 찾을 수 없습니다.

꿈을 찾는
나만의 속도

    요즘 학생들은 과거 어른들이 자라던 시기에 비해서 '꿈'이라는 단어를 정말 많이 듣습니다. 약삭빠른 어른들이 '꿈'을 공부를 잘 하도록 동기 부여하는 '당근'으로 써먹기 때문입니다. 그래서 학생들은 '꿈 고문' 좀 그만하라고 말하기도 합니다. 꿈도 없는데 자꾸 꿈을 억지로 가지라고 강요하니까 말입니다. 또 한편으로 가장 무서운 것은 바로 '주입식 꿈'을 강요한다는 것입니다.

    "그 꿈은 안 된다. 그것 가지고는 밥도 못 벌어먹고 산다. 대신 공무원 해라. 교사 해라. 의사 해라."

    그래서 요즘 학생들은 반작용으로 '꿈'이 더 싫다고 합니다. 중고등학교 때(심지어 대학교 때) 꿈이 없다고 하는 것은 당연한 것입니다. 그렇다고 스트레스를 받고 죄의식을 가질 필요는 없습니다. 학교생활 외에는 경험이 거의 없는 학생에게 빨리 꿈을 정하라고, 아니 인생의 목적과 목표를 정하라고 윽박지르는데 어떻게 찾을 수 있을까요? 성인이 되어도 평생 자신이 하고 싶은 일, 이루고자 하는 일을 모르는 경우가 참 많은데 10대 때 꿈을 정한다는 것 자체가 쉽지 않습니다. 그런데도 왜 도대체 '꿈(진로)'을 가지라고 난리일까요?

"요즘 어린 학생들에게 진로 탐색을 강요하는데 대학에 와서 진로를 정해도 되지 않느냐?"

위의 질문은 서울대 면접에서 나온 질문입니다. 어떻게 대답해야 이 관문을 통과할 수 있을까요? 이 질문에 합격생은 이렇게 대답했습니다.

"진로는 어른이 돼서도 바꿀 수 있지만 어렸을 때부터 진로를 탐색하는 것은 자기에 대해 알아가는 과정이기에 중요합니다."

그렇습니다. 꿈은 '예언'하라는 것이 아닙니다. 자기를 알아가는 여정 속에 진로를 탐색하는 훈련을 하라는 것입니다. 주어진 대로 따라가는 삶을 살라는 것이 아니라 '찾는 능력'을 키우라는 것입니다. 내가 진짜로 원하는 것이 무엇인지도 모른 채 어른들의 기대에만 맞게 사는 것이 바로 '짝퉁 꿈'을 가지는 것입니다. 먼 미래의 막연한 꿈을 위해 소중한 십대를 희생하며 살아야 한다고 생각하는 것은 꿈을 잘못 이해한 것입니다. 이런 생각을 가진 학생들은 학교 안에 있는 것이 지긋지긋합니다. 아무런 방향 설정 없이 그저 성실하게 공부만 하면 공부가 주는 배신감에 상처 받습니다.

그렇다면 대한민국 청소년으로서 학교 안에서 진짜 꿈을 좇는다는 것이 가능하기나 한 것일까요? 학교 안에서 꿈을 찾는다는 것은 어떤 것일까요? 그것은 직업을 정하는 것이 아니라 자신의 가슴을 뛰게 하는 삶의 중심을 찾는 데 집중하는 것입니다. 이 또한 거창한 것이 아닙니다. 학교생활에서 가능합니다. 수업을 들을 때도 억지로 견디는 것이 아니라 이 수업에서 배울 점이 무엇인지 생각해 보고 배워야 할 내용 하나하나에 순수한 호기심을 가지며 오픈 마인드를 소유하는 것, 수학과 영어가 지겹고 어렵더라도 어떤 부분이 나에게 도움이 되는 것인지 나름 궁금해하고 자신이 끌리는 부분을 천천히 탐색해 나가는 것, 동아리 활동을 하면서 자신이 어떤 것을 좋아하는지 자신을 체험하고 어떤 경험이 자신에게 뿌듯한 성취감을 주는지 마치 나에게 맞는 옷을 찾아가는 것과 같은 학교생활을 하는 것. 이 모든 과정이 대한민국 청소년으로서 학교 안에서 꿈을 찾는 길이고 꿈을 좇아가는 과정입니다.

　선생님, 의사, 변호사 등의 구체적인 직업이 아니어도 좋습니다. 자신이 좋아하고 잘하는 것들의 공통분모를 찾아가고 그걸 통해 천천히 자신을 탐색해 나가면, 고기도 맛본 사람이 잘 먹는다는 속담처럼 꿈도 꿔 본 사람이 잘 꾸게 될 것이고 결국은 꿈에 다가가리라고 믿습니다. 그러니 꿈을 못 찾은 학생들은 죄책감을 갖지 말고 삶을 기대하고 마음을 여는 것이 좋습니다.

설렘으로 가득한
진로여행

"여러분 중에 20년 뒤에 꼭 이루고 싶은 꿈을 가진 친구가 있나요? 있다면 손을 번쩍 들어보세요!"

강의 중에 이와 같은 질문을 던지면 얼마나 손을 들까요? 손을 든 학생은 전체의 10% 정도 남짓입니다. 학생들은 서로 눈치만 살필 뿐 손을 들까 말까 망설이기도 합니다. 저는 손을 들까 말까 망설이던 한 친구에게 강의가 끝난 뒤 다가갔습니다.

"아까 손을 들려고 하는 거 같던데 왜 안 들었니?"

학생은 당황한 듯하지만 이내 자신을 기억해 준 것에 고마웠는지 대답을 해 줍니다.

"음, 손을 든 아이들은 공부도 잘하고 인정받는 애들이에요. 그런데 저는 그렇지도 못하고 그 애들은 선생님이나 의사가 되려는 애들인데 저는 좀 별 볼 일 없는 거 같아서요. 솔직히 꿈이라는 게 이뤄질지도 모르겠어요. 굳이 고생할 필요 없이 그냥 살면 될 거 같기도 하고요. 주변에 엄마 아빠도 그렇고 그냥 사는 거 같던데."

저는 그 말을 듣고 마음이 착잡했지만 그 아이의 말을 참고해서 다시 강의를 이어 나갔습니다. 이 학생 같은 생각을 가진 사람들이 얼마나 많은지 잘 압니다. 꿈을 가져야 한다고 외치지만 정작 꿈이 이뤄질지도 모르는데 굳이 모험과 고생을 감내할 필요가 있는지 의문을 가지게 되는 것이 현실입니다.

오래된 인기 게임 중에 '프린세스 메이커'라는 '육성 게임'이 있습니다. 자신이 선정한 캐릭터를 잘 관리하고 챙겨줘서 훌륭한 사람으로 만드는 게 주된 내용입니다. 게임 속에서 나는 부모가 되어 그 자녀를 공주로 성장시키는 과정을 밟아 나갑니다. 그런데 공주로 만들어 내는 게 여간 쉽지 않습니다. 내가 잘못하면 그 캐릭터는 사회에서 제대로 구실을 못하는 형편없는 존재가 되어 버릴 수도 있습니다. 열심히 잘 키우더라도 뭔가 부족하면 공주까지는 되지 못합니다. 그래도 학자, 농부, 공무원, 영주, 가수 등 다양한 사회인으로 자라긴 한답니다.

잘 생각해 보면 내 인생도 이런 '육성 게임'과 비슷하지 않을까요? 내가 나를 잘 키워서 멋진 사람으로 만드는 게임말입니다. 인생은 마치 이 '프린세스 메이커'라는 게임처럼 어떤 멋진 존재가 되어 가는 모험이나 여행이 아닐까요? 삶은 꿈과 목적에 이끌리어 나를 실현해 나가는 여정이니까요. 그런데 만약 인생의 꿈과 목적이 없는 사람은 이 여정이 어떨까요? 이 인생 여정이 피곤하고 고생스럽고 짜증나기만 하지 의미도 없고 별 볼 일도 없게 느껴질 것입니다.

여행에서 가장 중요한 게 무엇일까요? 지도도 필요하고 돈도 필요하고 시간도 필요하고 교통수단도 필요하고 정말 많은 것들이 필요합니다. 그런데 이것들보다 가장 중요한 것은 '새로운 것을 경험하고 싶은 설렘'입니다. 우리 모두는 공부가 재미없지만 의지를 사용해서 억지로라도 하듯, 몸에 좋은 음식이 맛없지만 건강에 좋기에 의지를 사용해서 억지로라도 먹듯이 열정과 긍정 에너지를 가득 채워 꿈을 현실로 만들어야 합니다. 열정과 패기는 몸과 마음을 긍정적인 에너지로 가득 채워 꿈을 현실로 만드는 마법 같은 힘을 발휘합니다. 이런 삶을 내가 내 의지를 사용해서 '선택'하기를 바랍니다.

내 안의 '향상심'을 인정하자.

우리 안에는 성장, 성숙, 성공, 행복을 간절히 바라는 본능이 있답니다. 지금의 나보다 더 나은 나를 갈망하는 간절함이 있기에 사람은 꿈을 꿉니다. 자신에게 완전하게 만족하지 못하는 감정은 무엇보다 소중한 자산입니다. 이것이 열등감으로 나오는 것이 아니라 나의 성장과 성공을 이끄는 원동력이 되어야 합니다. 성공적인 코칭을 위한 첫 단추! 내 안에 성장하고 발전하고자 하는 향상심이 있다는 것을 인정하는 것입니다.

꿈은 내 안에서 발견된다.

꿈은 밖에서 뭔가를 찾는 것이 아니라 내 안에 숨겨진 보물을 찾는 것입니다. 모험 영화를 보면, 등장인물들은 보물을 찾기 위해 먼 미지의 세계를 탐험합니다. 그런데 우리는 정작 내 '안'의 그 미지의 세계는 탐험을 잘 못 합니다. 내 안에 어마어마한 보물이 숨겨 있는 것도 모른 채 밖에서 대단한 것을 찾으려고 시간과 노력을 낭비하는 사람들이 의외로 많습니다. 꿈을 찾기 위해서는 내 안에 이미 위대한 꿈이 잠재되어 있다는 것을 믿고 그것을 찾도록 시간과 에너지를 집중해야 합니다. 이때 가장 중요한 것이 바로 끊임없이 자신과 대화하는 것입니다. 그런데 처음부터 나와의 대화를 하는 것이 쉽지 않죠? 어떻게 하는 것인지 막연할 수도 있습니다. 하지만 방법은 바로 '나에게 관심을 갖는 것'입니다. 내가 좋아하는 연예인이나 이성 친구를 바라볼 때처럼 따뜻한 호기심으로 질문하면 됩니다.

'저 친구는 저런 스타일을 좋아하는구나.
나는 약간 다른 스타일을 좋아하는데.'

이렇게 말하는 것처럼 자신이 무엇을 좋아하고 싫어하며, 잘하고 못하는지를 객관적으로 관찰해 봅니다. 다양한 것을 경험하면서 내 안에서 묻고 대답하고 맞춰 가는 과정에서 막연하고 아득했던 꿈이 서서히 내 손안에 잡힙니다.

Part 02

진로는
'자기이해'와 '계획된 우연'의 합작품이다

내가 호텔 종업원으로 일할 때

나보다 뛰어난 사람이 참 많았다.

하지만 그들은

나처럼 하루도 빠짐없이 자신의 미래를

생생하게 그리지는 않았다.

노력이나 재능보다 훨씬 중요한 것은

성공을 꿈꾸는 능력이다.

- 콘래드 힐튼(Conrad Hilton)/가난한 떠돌이 상인의 아들로 태어나 250개
  호텔을 세운 호텔 왕

진로(직업) 선택의
다양한 경우의 수

	좋아함 (의미 포함)	잘함	돈
A	○	○	○
B	○	×	○
C	×	○	○
D	×	×	○
E	○	○	×
F	○	×	×
G	×	○	×
H	×	×	×

A의 경우: O-O-O

　모든 사람이 바라는 가장 살고 싶은 인생이지 않을까요? 자신이
그토록 간절히 바라고 원했던 좋아하는 분야의 일이면서, 적성에
도 잘 맞아 실력까지 인정받고 돈도 잘 번다면 진로와 직업에 있어

서 매우 행복한 사람일 것입니다. 꿈을 이루고 성공하고 행복한 사람들의 거의 대부분은 바로 이 셋이 조화를 이룬 경우입니다.

단, 예외의 경우가 있습니다. 좋아하고 잘하고 돈도 잘 버는데 사회에 해로운 경우입니다. 예를 들면 범죄나 비윤리적인 일입니다. 아무리 좋아하고 잘하고 돈도 잘 번다한들 인간다움을 포기하는 것이기에 의미와 가치가 없습니다. 설사 성공한다 하더라도 교도소에 들어가 죗값을 치르게 될 것이기에 내 인생에 결국 해로운 것입니다.

1986년 뉴욕 브루클린의 공영주택 단지에서 마약을 팔던 15세 소년이 있었습니다. 그 당시 브루클린은 안심하고 길을 걸어 다니기 어려운 곳이었습니다. 거리마다 약물 중독자들이 넘쳤고 범죄자들이 싸움을 벌이는 살벌한 곳이었죠. 이때 15세 소년은 크게 2가지 일을 했습니다. 하나는 랩의 가사를 쓰는 것이었고 다른 하나는 코카인을 파는 것이었습니다. 주변에 따뜻하게 자신을 돌봐 줄 사람도 없었고 멋진 교육의 기회나 롤모델도 없었던 소년이 실질적으로 생각할 수 있는 미래는 딱 2가지밖에 없었습니다.

미래 1: 마약 판매자
미래 2: 힙합 가수

둘 중 무엇을 선택하든 성공 확률은 너무 낮았고 험난한 길입니다. 마약을 파는 일은 일단 윤리적인 문제와 법을 어기는 위험을 부담해야 합니다. 근시안적으로만 본다면 마약을 판매하는 것이 당장은 편하고 돈도 많이 벌어서 좋았어요. 팔면 그 자리에서 바로 현금이 들어왔고 크게 고민하고 머리를 싸맬 것도 없이 단골 고객의 심부름을 하고 잘만 피해 다니면 되는 것이었으니까요. 무엇보다 범죄조직의 힘 있는 사람들이 소년을 돌봐 주기에 나름 그쪽 세계에서는 사회적 지위가 높아지고 힘을 가지는 것이었습니다. 하지만 소년은 다른 선택을 했답니다. 가수가 되기로 한 것이었죠. 스타가 된다는 보장은 없지만 실패한다고 해도 총에 맞아 죽거나 교도소에 들어가지는 않기 때문에 손해는 아닐 것 같았습니다. 가수가 못 되면 식당에서 서빙을 하거나 다른 일용 노동직을 하면 그만이었어요. 그런데 마약 판매상은 아예 죽거나 평생 감옥에 갇혀 살거나 언제 어떻게 될지 모르는 두려움 속에서 눈치를 보며 사는 삶입니다. 그래서 이 소년은 돈을 못 벌 수도 있지만 자신이 그나마 좋아하고 잘하는 일을 하기로 마음먹었습니다. 이 소년의 미래는 어떻게 되었을까요?

이 소년이 현재 전 세계적으로 유명한 힙합업계의 억만장자 제이지(Jay-Z)입니다. 만약 제이지가 음악이 아닌 마약을 선택했다면 음반 제작으로 부자가 되지도 못했을 것이고 세계적인 여가수 비욘세와 가정도 못 이루었을 것입니다. 훗날 제이지는 이렇게 말했어요.

"음악으로 내가 어디까지 올라왔는지를 생각하면 나도 믿기지 않습니다. 물론 나의 경우에는 운도 따랐지만, 사람은 누구나 천재적인 재능을 하나씩 가지고 있어요. 아직 그걸 선택하지 않았을 뿐입니다."

어느 누구도 처음부터 완벽하게 이 셋을 조화시키는 경우는 없습니다. 나만의 선택지를 늘려나가는 자기주도 라이프스타일을 장착하는 사람만이 이 셋을 조화시켜 나갈 수 있을 것입니다.

B의 경우: O-X-O

좋아하고 원하는데 크게 실력과 재능이 없는 경우입니다. 타고난 재능과 탁월한 능력은 없지만 그래도 이런 경우는 본인이 좋아하기에 지속적으로 노력이 가능합니다. 그래서 만족도 느끼고 어느 정도 경제적인 보상도 얻는 편입니다. 이런 경우 문제는 본인이 남과 비교하면 괴롭다는 것이죠. 피아노를 치는 것을 좋아하는 여학생이 있었습니다. 어린 시절부터 피아노를 정말 좋아했는데요. 그녀는 세계적인 피아니스트가 되는 것이 소원이었습니다. 그래서 피아노로 외국 유학도 가고 세계적인 콩쿠르에 참가해 수상하고 싶었죠. 정말 그것이 전부인 줄 알고 믿었기에 다른 진로는 생각도 못했답니다. 예중과 예고를 다니면서 열심히 연습을 하고 큰 대회에도 도전했지만 높은 상을 수상하는 것은 쉽지 않았습니다. 연습을 넘어선 타고난 '끼'라는 것이 부족했던 그녀는 결국 실기에서 탁월한 실력을 증명할 수 없어 중하위권 음악대학을 졸업한 뒤 학원을 차렸습니다. 자신의 소원대로 유명하고 멋진 피아니스트가 되지는 못했지만 본인이 즐거워하고 좋아하는 일을 하면서 돈을 벌기에 행복하다고 합니다.

그런데 음악을 정말 너무 사랑하고 좋아해서 '가수'가 꿈인데 실력이 부족하다면 어떻게 해야 할까요? 이럴 경우 가수가 될 수는 없지만 작곡가나 작사가, 음반 프로듀서, 음향 엔지니어 등이 될 수 있을 것입니다. 좋아하는데 실력이 부족한 경우는 좋아하는 것 안에서 내가 그나마 잘하는 다른 것으로 시선을 돌려 직업을 확대하거나 병행해도 좋을 것입니다.

C의 경우: x-O-O

남들은 치열하게 노력해도 겨우 할까 말까인데 어떤 사람은 조금만 노력해도 원래 잘하다 보니 실력을 인정받아 돈을 잘 버는 경우가 있습니다. 아니면 특별하게 열정적으로 좋아하지도 않고 그렇다고 싫지도 않지만 계속 하다 보니 숙련되어서 잘하게 된 경우도 있습니다. 대다수의 사람들은 직업과 직장을 고를 때 이런 배경에 의해서 선택한 경우가 많습니다. 특히 첫 직장이 이런 경우가 많은데요. 일단은 뭐라도 해야 하다 보니 처음에 들어가서 교육과 훈련을 받게 됩니다. 일을 배우고 열심히 하다 보면 적응이 되어 어느 순간엔 능숙하게 해냅니다. 많은 사람이 선망하는 금융권에 종사하는 분이 계셨습니다. 실적도 좋아 연봉도 굉장히 높았는데 제게 이런 말을 했습니다.

"제가 벌어 온 돈 펑펑 쓰는 가족들만 좋죠. 저는 좋았던 적이 없네요. 아직도 3년에 한 번씩 그만두고 싶은 마음이 솟아나요. 우울해서 우울증 약을 먹은 적도 있어요. 그런데 요즘은 취미를 찾아서 그걸로 버티네요."

이분은 대학생 때까지 좋아하는 것은 다른 것이었는데 어떻게 첫 직장부터 오랜 시간 일하다 보니 잘하게 되어서 이 분야에 오래 있게 된 경우입니다. 이런 상황에 처한 사람들은 일을 통해 큰 즐거움과 행복을 찾는 것 같지는 않습니다. 대신 적성에 맞는 다른 취미 생활에 열중하기도 합니다. '잘한다는 것'은 타인과 세상으로부터 객관적인 실력도 인정받아야 하지만 먼저 내 안의 참된 만족감과 성취감을 느끼는 것 또한 중요하고 이 둘이 잘 조화되어야 한다는 것을 알게 된 경우입니다. 그런데 경제적인 보상이 크다면 또다른 만족감으로 변화되는 경우도 많은 게 현실입니다. 이런 경우에는 옳고 그름이 아니라 어떤 것이 나에게 만족감을 주는지 정말 솔직하게 나의 '가치관'을 빨리 파악하는 것이 중요합니다.

D의 경우: x-x-O

좋아하지도 않고 잘하지도 않는데 먹고 살아야 하기 때문에 '오늘만 무사히 버티고 넘어가자'

하는 식으로 그냥 그날 하루를 시간 때우고 월급날만 바라보며 버티는 경우입니다. 아침부터 눈 떠서 일하러 가는 것이 전혀 즐겁지 않는 경우이죠. 때로는 그래도 의미를 억지로라도 찾아내서 열심히 해 보려고도 하지만 그때뿐입니다. 저도 지금의 일을 찾기 전에 20대에 좋아하지는 않지만 하다 보니 하게 된 일을 하며 월급날만 바라보고 버틴 적이 있었습니다. 그때 그 괴로움과 방황할 때의 감정을 알기에 지금 이 일이 더욱 즐겁습니다. 이런 상황에 착각하지 말아야 하는 게 있습니다.

'그래도 돈이라도 버는데 뭐.'

이렇게 생각할 것이 아니라 '돈과 내 시간(인생)을 맞바꾸는 것이 다'라고 생각해야 합니다.

E(O-O-X)와 F(O-X-X), G(X-O-X)의 경우

G는 어떤 분야나 일을 좋아하지는 않지만 잘하는데 돈벌이가 안 되는 경우입니다. 이럴 경우 현실적으로 진로나 직업으로 거의 선택하지 않습니다. 애시 당초 좋아하지도 않는데 돈벌이도 안 되니 큰 재미와 의미를 찾지 못하기 때문입니다.

하지만 우리는 E와 F의 경우를 주목해야 합니다. 좋아하고 잘하는데 돈벌이가 되지 않는 경우 이럴 땐 어떻게 해야 할까요? 대부분의 사람들이 고민하고 또 부모님들도 자녀를 말리는 대표적인 경우입니다. '덕업일치'라는 말을 들어 봤을 것입니다. 덕업일치란 덕질(어떤 분야에 대하여 깊이 파고들어 좋아하는 경우로, 일상생활이 마비되거나 균형이 파괴되면 약간 부정적이라는 인식도 있지만 요즘은 그 분야에 대한 마니아, 실력자로 인식됨)과 직업이 일치했다는 뜻으로 자신이 좋아하는 일을 직업으로 삼아 돈까지 벌게 된 것을 뜻합니다. 이런 덕업일치의 사례가 점점 증가하고 있습니다. 이제 사회와 기술이 워낙 빠르게 변하여 사람들의 욕망과 취향과 개성이 정말 다양해지고 세분화되고 있기 때문에 미래에 E와 F는 가능성이 무궁무진합니다. 이런 경우 좋아하는 것(잘하는 것)과 돈 버는 것의 교집합을 치열하게 고민하면 먹고살 수는 있습니다. 낙서를 좋아했는데 본인의 낙서를 이모티콘으로 만들어서 카카오톡 마켓에 올려 억대 연봉을 받는 사람도 있고 화장을 좋아해서 뷰티 크리에이터로 돈을 많이 버는 사람도 있습니다. 또 여행을 좋아해서 여행 작가로 책도 내고 강연도 하며 여행컨설팅 일을 하는 사람도 있습니다.

하지만 꿈의 실현이 더디 되는 경우도 있습니다. 영국의 '폴 포츠'는 노래를 정말 좋아했고 뛰어난 노래실력으로 가수가 되고 싶었지만 음악 교육을 제대로 받지 못했습니다. 초라한 외모, 가난과 왕따, 교통사고, 종양수술 등 어려운 상황 속에서 휴대폰 판매원으로 일하며 가수의 꿈을 가지며 살아왔습니다. 그런데 2007년 〈브리튼즈 갓 탤런트(Britain's Got Talent)〉라는 유명한 TV 오디션 프로그램에 나가 뛰어난 노래 실력을 인정받았습니다. 전 세계인은 그의 노래실력과 인생 스토리에 환호를 보내고 그는 스타덤에 올랐습니다. 그의 〈브리튼즈 갓 탤런트〉 첫 번째 출전 영상은 유튜브(YouTube)에서 누적 1억 건이 넘는 조회 수를 기록하며 화제가 됐습니다. 2007년 발매된 1집 앨범은 전 세계적으로는 500만 장 이상을 판매하는 성공을 거두었고 후에도 앨범을 계속 발매하며 인기를 이어 갔습니다. 유명 가수가 되기 전까지 폴 포츠는 전형적인 E의 경우였지만 나중엔 결국 A가 되었습니다.

H의 경우: X-X-X

모든 사람이 가장 두려워하는 경우입니다. 본인이 무엇을 원하고 좋아하는지, 어떤 것을 잘하는지 모르는 경우입니다. 소위 말하는 아무 일도 않는 백수인데요. 문제는 자신이 무엇을 좋아하고 잘하며 원하는지에 대해서 아예 관심이 없거나 무기력한 경우입니다. 점점 이런 사람들의 수가 늘어나고 있습니다. 심한 경우에는 '히키코모리'라고 불리는 은둔형 외톨이처럼 아예 세상으로의 통로를 차단하는 것입니다.

지금까지 진로(직업) 선택의 다양한 경우의 수에 대하여 알아봤습니다. 대부분의 사람들이 선택하는 범주인데요. 현실적으로 좋아하고 원한다고 모두 적성에 맞는 것도 아니고, 적성에 잘 맞는다고 해도 실제 돈벌이는 나쁠 수도 있습니다. 완전히 일치되는 것은 드물고 불일치가 일반적입니다. 그럼에도 불구하고 나는 어떤 것이 중요한지 우선순위를 솔직하게 세우고 내 바람과 일치하도록 점점 삶에서 노력하는 것이 중요할 것입니다. 그리고 진로와 직업 선택에서 가장 중요한 것! **'진로란 내가 잘하고 좋아하는 것으로 먹고살 수 있도록 해 나가는 것'입니다. 그래서 '내가 잘하고 좋아하는 것으로 부자가 되어야지' 하는 마음으로 시작한다면 무척 선택이 힘듭니다.** 욕심과 두려움이 진로 선택에서 큰 자리를 차지하는 경우가 많습니다. 이 욕심과 두려움을 버리는 것도 굉장히 중요하답니다.

꿈은
직업이 아니다

대부분의 학생들에게 '꿈'을 적으라고 하면 직업을 적습니다. 그래서 저는 다시 물어봅니다.

"꿈과 직업은 같은 걸까?"

다시 물어보면 학생들은 꿈과 직업이 다르다는 것은 배운 것도 같다고 말합니다.

"꿈이 직업보다 더 큰 개념이라는 것은 알겠어요. 그런데 저는 희망직업도 겨우 힘들게 찾았는걸요. 도대체 '꿈'이 뭔가요?"

꿈: 실현하고 싶은 희망이나 이상

여기 의사가 꿈인 사람이 있습니다. 이 지구상에 의사가 얼마나 많나요? 그런데 또 의사라고 다 같은 의사가 아니죠. 또 선생님이라고 다 같은 선생님이 아니고. 같은 직업을 가지고 있다고 하더라도 그 직업을 가지고 자신의 희망이나 이상을 이루어 나가는 모습은 각양각색입니다. 의사라는 직업을 가진 다음에 의사로서 어떻게 살지가 중요합니다. 많은 학생을 만나 보면 꿈이 아예 없거나 꿈과 직업을 혼동하는 경우를 봅니다.

예를 들어 '정의로운 사회를 만드는 것이 꿈'인 학생이 있습니다.

Q. 꿈이 무엇인가?
A. 정의로운 사회 만들기

Q. '정의로운 사회를 만들기'라는 꿈을 이룰 수 있는 직업은?
A. 경찰, 국회의원, NGO 활동가, 판사, 검사, 변호사, 국회의원, 기자 등

이 학생은 정의로운 사회를 만들고 싶은 열망이 강했습니다. 어른들은 판사, 검사, 변호사의 길을 추천했습니다. 학생은 이러한 직업들이 의미 있고 멋있기는 하지만 생각만 해도 뭔가 답답했고 자신이랑은 잘 맞을 것 같지 않았습니다. 아무리 훌륭하고 돈을 많이 버는 법조인이어도 자신에게는 맞지 않는 옷 같았습니다. 대신 이 친구는 예술가 유형의 창의적인 자질을 갖추고 있었는데 다중지능 검사 결과 자신이 언어 능력과 자기성찰 능력, 논리수학 능력이 뛰어나다는 것도 알게 되었습니다. 부모님은 언어 능력이 뛰어나고 공부도 잘하니 판사나 검사, 변호사가 되라고 더 부추기셨습니다.

학생과 저는 정말 많은 고민을 했습니다. 이 학생은 언어 능력 중에서도 말보다 '글'에 강했고, 독서를 좋아했는데 특히 문학작품을

좋아했습니다. 문학작품 중에서도 추리소설을 굉장히 좋아해서 초등학생 때 작가라는 꿈을 가진 적이 있었죠. 많은 사람들이 잘 아는 셜록홈즈나 루팡 시리즈는 초등학교 저학년 시절에 이미 읽었고 고등학생 시절엔 전 세계의 숨겨진 추리소설 명작을 즐겨 읽는 '추리소설 덕후'입니다. 이 친구는 일본의 유명한 추리소설 작가 미야베 미유키 같은 사회파 미스터리물과 실제 변호사 출신인 미국의 존 그리샴이 쓴 법률 미스터리 소설에 관심이 많았습니다. 학생은 권력과 법의 부조리함과 사회적 약자들의 고통을 사람들에게 고발하고 여론을 조장하고 싶었습니다. 사람들은 정의롭지 못한 사회와 사회적 약자들에게 무관심한데, 자신이 만든 소설이나 방송물을 사람들이 보고 재미를 느끼면서 자연스럽게 이 사회와 구조에 관심을 갖게 만들면 좋을 것 같았습니다. 그러면 학생은 자신이 좋아하고 즐거워하는 것으로 자신의 꿈인 '정의로운 사회'를 만들 수 있을 것만 같았습니다. 그래서 그 학생은 자신의 꿈을 실현시켜 줄 수 있는 직업으로 추리소설 작가, 시사교양 다큐멘터리 방송 PD, 기자를 골랐습니다.

Q. 자신의 재능과 성향에 맞는 직업은?
A. 사회파 추리소설 작가, 다큐멘터리 방송 작가나 PD, 기자

이처럼 자신이 진정으로 원하는 것을 찾기 위해서는 스스로 질문하고 답을 찾는 과정을 많이 가져야 합니다. 대부분 사람들은 여

러 진로적성 검사나 심리성향 검사를 통해 자신의 적성과 성향까지는 알지만 그 이상의 꿈이나 직업에 대하여는 못 찾는 경우가 많습니다. 한마디로 검사의 결과는 재료일 뿐이고 그 재료를 통하여 나라는 인생에서 멋진 작품을 만들 주제를 찾는 것은 보다 더 깊은 생각이 필요합니다.

꿈이 먼저? 직업이 먼저?
직업이 먼저? 꿈이 먼저?

순서는 상관없습니다. 위의 사례처럼 꿈을 먼저 찾고 그 꿈에 맞는 직업을 찾는 것이 좋으나 현실은 희망직업만 있는 경우가 대부분이죠. 이때 희망직업이 정말 자신의 적성과 흥미 재능에 기초한 자신이 원하는 희망직업인지 아니면 부모님의 바람이나 친구를 따라서 정한 것인지 먼저 확인해야 합니다. 그 희망직업이 자신에게서 나온 것이면 그 직업을 포함한 연장선에서 꿈(비전)을 찾도록 합니다. 그래야 꿈이 구체화되고 차별화되어 그저 그런 꿈이 아니라 경쟁력 있는 꿈이 된답니다.

진로는 '계획된 우연'에서
최선을 다한 사람들이 누리는 열매다

"그냥 열심히 했는데 여기까지 왔네요."

"참 많은 운이 따른 것 같아요."

    자신의 분야에서 성공한 사람들이 대부분 하는 말들입니다. 겸손해 보이려고 이런 말을 하는 것일까요? 그런데 존 크롬볼츠 박사도 이런 생각을 가지고 진로에 대하여 체계적으로 연구했답니다. 존 크롬볼츠 박사는 미국에서 진로와 커리어 분야로 유명한 세계적인 석학입니다. 성공한 사람들 중 80%가 "나는 지금의 성공을 목표로 한 것이 아니라 그냥 열심히 최선을 다했을 뿐이다"라고 한 인터뷰 내용을 보면서 '계획된 우연'을 주장한 것이죠. 계획된 우연이란, 한 사람의 삶에서 만나게 되는 다양한 우연적인 사건들이 긍정적인 효과를 가져와서, 그 사람의 진로에 연결된다는 이론입니다. 진로 선택에는 자신의 지능, 성격, 적성, 환경, 능력, 흥미가 굉장히 중요한 요소이긴 합니다. 하지만 이들 요소보다는 우연한 사건으로 인해 자신의 진로를 발견하고 그 길을 걸어가게 되는 경우가 더 많다는 게 크롬볼츠 박사의 주장입니다.

2018년 평창 동계올림픽에서도 우리는 '계획된 우연'을 생생히 목격했습니다. 스켈레톤에서 금메달을 딴 윤성빈 선수와 컬링에서 은메달은 딴 팀 킴(team Kim) 선수들이 여기에 해당되죠. 윤성빈 선수와 팀 킴 선수들은 모두 어린 시절부터 계획적으로 육성된 스포츠 엘리트들이 아닙니다. 모두 고등학생 시절 우연하게 스포츠의 길에 들어선 것입니다. 윤성빈 선수는 체육고등학교 학생도 아니고 일반 인문계고 학생인데 고3 때 체육선생님의 조언으로 스켈레톤에 입문했습니다. 윤 선수도 그때 스켈레톤에 대하여 잘 알고 시작한 게 아니라 그냥 호기심으로 시작한 것이고 국가대표 시험 치르는 날도 슬리퍼를 신고 갔다고 합니다. 그런데 국가대표에 발탁이 되었고 한국체대까지 진학하게 됐으며 결국 올림픽 메달리스트가 되었습니다. 물론 이게 가능한 것은 선천적으로 타고난 운동 신경, '우연'과 '운'으로 기회를 얻은 다음엔 죽을 만큼 피나는 노력을 한 덕분입니다. 컬링의 팀 킴 선수들도 2006년 자신들의 고향인 경북 의성에 생긴 컬링 전용 경기장 덕분에 컬링을 시작했습니다. 당시 여고생이었던 김영미, 김은정 선수가 방과 후 활동으로 컬링을 시작했고, 김영미 선수의 동생 김경애 선수도 컬링을 얼떨결에 따라 하게 되었다고 합니다. 김선영 선수는 김경애 선수가 칠판에 쓴 '컬링할 사람 모집'이라는 글을 보고 자원해 팀 킴에 합류했습니다. 이런 그들도 '우연'과 '운'을 얻은 다음엔 최선을 다했습니다. 컬링이 비인기 종목이라서 주목받지 못했고 큰 후원과 지원도 없었지만 자신들의 길을 묵묵히 간 것이죠.

이처럼 '계획된 우연'이란 것은 로또 복권 당첨과 같은 요행과 운이 아닙니다. 우연하게 열린 기회를 얻은 다음엔 정말 최선을 다해 성공의 열매를 누리는 것입니다. 그리고 중요한 것이 있습니다. 우연한 사건을 진로나 삶의 어떠한 부분에 긍정적 효과로 연결시키는 것은 바로 '개인'의 태도에 달려 있다는 점입니다. 이론적으로 계획된 우연은 '호기심, 인내심, 융통성, 낙관성, 위험감수'를 필요로 한다고 알려져 있습니다. 성공은 우연이 언제 오느냐가 중요한 것이 아니라 우연의 전후에 어떤 행동을 취하느냐의 문제입니다. 다음은 우연하게 다가온 진로 기회를 나의 진로와 성공으로 이끌 기술들입니다. 이런 역량을 가지면 어느 누구나 우연하게 다가온 진로 기회를 자신의 것으로 만들 수 있습니다.

⟩ 우연을 나의 성공으로 만드는 방법 ⟨

1. 호기심을 갖는다

'왜 그런 걸까? 안 될 게 뭐야? 뭐 어때?' 하면서 열린 마음으로 바라보고 질문한다. 의심하는 질문도 좋고 또 다른 방법과 기술이 없는지 찾아본다. 새롭게 배울 수 있는 기회를 찾고 새로운 가능성을 찾는 것을 주저하지 않는다.

---

2. 인내심을 갖는다

인생은 처음부터 내가 원하고 바라는 타이밍에 모든 것이 계획대로 되지 않는다. 빨리빨리 성공하고 싶고 일이 잘 풀리길 원하지만 그러기는 힘들다. 어려운 상황에 처하더라도 또 여러 방해와 역경에도 불구하고 쉽게 포기하지 않으며 최선을 다한다.

3. 유연하게 대처한다

'모' 아니면 '도'처럼 항상 정확하게 딱딱 떨어지는 것만 생각하지 말자. 특히 진로와 직업 목표는 더욱 그렇다. 하나의 목표만을 정하고 그것만 죽어라 하지 말자. 먼저 열린 마음으로 '고정관념'과 '편견'을 버린다. 자신의 태도가 먼저 부드러워야 더 나아가 주변 사람과 환경도 더 나에게 관대해진다.

4. 낙관적이 되도록 한다

새로운 기회를 만나는 것이 가능하고 결국 나는 달성할 수 있다고 믿는다. 항상 여유를 가지고 잘될 수 있으리라는 기대를 버리지 않는다. 어려움이 닥쳤을 때 긍정적인 마음을 가져야 문제를 해결할 기회가 생긴다. 낙관적인 태도가 없으면 위축되기에 지레짐작 겁을 먹고 쉽게 포기하게 된다.

5. 모험정신을 발휘한다

불확실한 결과를 맞이하게 되더라도 실행한다. 어느 정도의 위험은 감수한다. 거저 얻어지는 것은 없다. 두려움은 내려놓고 용기를 가지고 도전한다. 아무것도 시도하지 않으면 아무 일도 일어나지 않고 그만큼 선물같이 다가오는 기회들도 놓치게 된다.

6. 만남과 인맥 속에서 길이 열린다

좋은 인맥을 형성하도록 사람들을 진실하고 친절하게 대하고 먼저 용기 내어 다가간다. 내가 먼저 사람들을 그렇게 대한다면 나에게는 더 큰 만남의 기회가 열린다. 그리고 사람들에게 조언 구하기를 주저하지 않는다. 사람들의 조언과 충고 또 추천이 실제로 많은 기회를 열어준다.

7. 다양한 경험을 통해 진로가 연결된다

내가 할 수 있는 한 최대한으로 다양한 경험을 하고 다양한 사람을 만난다. 이 경험들이 연결되다 보면 나의 진로가 어떻게 열릴지 모른다.

"어차피 '운'이라면 진로를 찾는 노력을 안 해도 되는 것 아닌가?" 하고 질문하는 사람들도 있을 것입니다. 하지만 아닙니다. 자신의 진로를 찾고 "그 분야에서 성공할 수 있는 멋진 '운'이 왜 내게는 없는 거지?" 하는 사람들은 여전히 '계획된 우연' 이론을 잘못 이해하고 있는 경우입니다.

기회와 운을 알아보는 그 '안목'과 그 기회와 운이 실제 내 삶에서 성공이 되게 만드는 것은 하루아침에 이뤄지지 않습니다. 평소 삶에서 차근차근 쌓은 역량과 태도로 이뤄지는 것이죠. 그러니 '저는 운으로 나중에 찾을 거예요. 그러니 지금은 진로를 찾는 것은 굳이 연습 안 할 거예요' 이런 말은 하지 말아야 합니다.

반대로 일찍 진로를 정한 학생도 있을 것입니다. 그동안 학교는 진로교육을 강화하면서 학생들이 진로를 일찍 정하도록 해왔는데 '미래를 알 수 없으니 특정 직업과 진로를 구체적으로 준비할 필요가 굳이 없다'는 말은 지금까지 배운 것과 다르기에 무척 혼란스러울 것입니다. (저 역시 로드맵을 짜라고 Part 3에서 다룹니다.) 그런데 이것이 진로교육이 안고 있는 근본적인 문제입니다. 진로교육을 하는 저의 딜레마이기도 합니다. 미래의 모습은 하나님 말고는 그 어느 누구도 알 수 없는데 구체적인 직업을 꿈꾸게 하고 직무 교육을 합니다. 미래를 멀리 내다보지 않고 너무 눈앞의 현실만 내다보는 진로교육을 한 것이죠. 진로를 결정한 사람들은 그 꿈을 실현하기 위해서 최선을 다해 준비해야 합니다. 하지만 여러분이 경제활동을 할 2030년 이후엔 더 이상 하나의 직업만을 갖고 살아갈 수 없다는 것 또한 명심해야 합니다. 그래서 열린 마음으로 계획된 우연을 확장시켜 나가야 합니다.

완전 다른 조각이 모여 완성되는
진로의 퍼즐

이제 안정적인 평생직장도 없고 한 사람이 한 가지 직업만으로 평생을 살아가는 것도 불가능합니다. 이제는 100년 넘게 사는 삶에서 한 사람은 10개 이상의 직업을 갖는다고 합니다. 하나의 직업을 선택하는 것이 아니라 살면서 다양한 방식으로 또 다른 진로를 확장해 나가고 새로운 직업에 적응해 나갈 수 있는 능력이 필요합니다. 이때 필요한 것이 무엇일까요? 바로 **'고정관념'을 없애고 열린 마음으로 자신의 관심사를 제한하지 않으며 확장하는 것입니다.**

'요리하는 PD'로 유명한 KBS의 이욱정 PD는 '푸드멘터리(푸드+다큐멘터리)'의 선구자로 더 유명합니다. 〈누들로드〉는 해외와 국내의 방송 관련 최고상을 휩쓸었고 전 세계 30여 개국에서 방송되는 대성공을 거두었습니다. 최고의 전성기를 보내던 2010년, 그는 음식을 제대로 알아야 좋은 음식 프로그램을 만들 수 있다는 생각에 전 재산을 털어 2년간 영국으로 요리유학을 떠났습니다. 유학에서 돌아온 후 8부작 다큐멘터리 〈요리인류〉를 연출했고 후에도 〈요리인류 키친〉, 〈요리인류 도시의 맛〉, 〈대식가〉 등 KBS의 대표 음식·요리 다큐멘터리를 만들고 음식과 요리에 관련된 책을 저술했습니다. 그의 다큐멘터리를 보면 정말 음식으로 전 세계를 여행하고 온 느낌이 들어 무척 설레고 풍성한 느낌이 듭니다. 무엇보다 음식에 대한 관점이 새로워진답니다. 자극적인 '먹방'과는 다른 고유한 품격과 매력이 있는데 그의 다큐멘터리를 보면 음식과 요리하는 사람들의 생생한 역사와 문화를 느낄 수 있어서 흥미롭습니다. 이욱정 PD는 대학에서 영문학을 전공하고 대학원에서는 문화인류학을 전공했습니다. 그렇다면 그는 어떻게 요리하는 PD가 되었을까요?

> 요리와 관련된 길이 셰프만은 아니라는 사실을 깨닫게 되었다. 레스토랑 경영자가 되기 위해서, 푸드 라이터가 되기 위해서, 레스토랑을 설계하고 디자인하기 위해서, 푸드 라이터가 되기 위해서, 그리고 음식에 관한 다큐멘터리를 제작하고 연출하기 위해서 요리를 배울 수도 있다는 것을 알게 되었다.
>
> - 이욱정, 『쿡쿡』 중

대학에서 영문학을 전공한 이욱정 PD는 영미 문화에 대한 이해가 깊고 영어도 잘해서 외국에 나가서 제대로 소통할 수 있었을 것입니다. 대학원에서는 문화인류학을 전공했기에 인간과 문화에 대한 이해와 해석이 남달랐을 것입니다. 한편 그는 취미가 캠코더로 주변 사물과 사람들의 모습을 촬영하는 것이었는데, 관심거리를 찍고 편집해 보는 과정을 통해 다큐멘터리스트의 꿈을 키우게 되었다고 합니다. 결국 방송국의 다큐멘터리 PD가 되어 자신의 콘텐츠를 영상으로 표현하고 전달하는 사람이 되었는데요. 〈누들로드〉 이후 그는 푸드멘터리에 더 집중했죠. 요리와 먹을거리에 유난히 관심이 많았던 가족 환경에 인류학이라는 교육 배경이 더해진 결과랍니다. 이제 음식과 요리는 그의 전 커리어를 관통하는 메인 재료가 되어 그만의 전문성 있는 '콘텐츠'가 된 것입니다. 한 사람의 관심사가 한 사람의 삶의 커리어에 어떻게 연관되고 조합될 수 있는지 볼 수 있는 생생한 사례죠? 그의 푸드멘터리가 인기 있는 이유는 새로운 음식과 요리의 세계를 접하며 문화와 지식의 폭을 넓히고자 하는 사람들의 욕구를 충족시켜 주기 때문입니다. 이처럼 그의 배움과 경력은 완전 다른 조각들인데 맞춰보면 퍼즐이 완성되는 것입니다.

학생들에게 이런 고민상담을 자주 받습니다.

"좋아하는 것은 A인데 잘하는 것은 B 같고 또 A는 취직도 안 될 것 같고 부모님도 반대하세요. 대학은 무슨 학과를 가야 할까요?"

대부분의 학부모는 자녀가 이욱정 PD처럼 대학에서 영문학을 전공하면 무조건 번역가나 영어영문학과 교수가 되어야 한다고 생각을 합니다. 앞에서 계획된 우연 이론에 대해서 나누었습니다. 계획된 우연은 하나의 직업과 목표만을 정하고 이것만을 달성하기 위해 노력하라는 것이 아니라, 다양한 경험을 하는 가운데 우연히 진로가 선택될 수도 있다는 것입니다. 하나의 목표만을 정하고 이것을 달성하려고 노력하는 것이 미래 예측이 가능한 산업화 시대의 배경에는 어느 정도 잘 맞았습니다. 하지만 4차 산업혁명 시대. 모든 것이 급변하는 요즘 시대는 다양한 목표 가운데 우연히 하나를 선택하는 것이 효율적일 수도 있습니다. 그리고 미래에 막연한 목표를 강요하는 것이 아니라 **관심 있는 분야들 중에서 그 분야 직군에 맞는 공통되고 기초적인 '자질과 역량'이 무엇인지 알고 그것을 쌓는 것도 좋은 방법**입니다. 외국어 능력, 문제 해결력, 영상이나 컴퓨터를 통한 표현 능력 등 원천적인 '역량'을 쌓은 뒤 퍼즐을 맞추는 것이죠. 마치 〈냉장고를 부탁해〉라는 프로그램처럼 말입니다. 기존의 다른 요리 프로그램은 이미 정해진 메뉴대로 요리를 합니다. 그런데 〈냉장고를 부탁해〉는 게스트의 냉장고에 있는 재료를 가지고 제한된 시간에 자유자재, 그러면서도 창의적으로 요리해야 합니다. 미래사회의 진로와 직업도 이렇게 열린 마음으로 접근해야 한답니다. '나'라는 인생 '냉장고' 안에 재료를 다양하게 채워나가면서(배우고 경험하고 생각하면서) 다양한 음식(직업)을 자유자재로 만들어 내는 역량이 필요합니다. 그러면 100년 동안의 직업 세계는 아주 맛있고 풍성할 것입니다.

직업에 대한
나의 가치관은?

　테레사 수녀는 평생을 가난과 아픔이 있는 곳, 세상 어느 누구
도 거들떠보지 않는 소외받는 곳에서 그들의 친구가 되어 주었습
니다. 그녀는 어려서부터 이런 삶을 우선적인 '가치'로 두었고 결국
그러한 삶을 실천하여 자신의 비전을 이뤘습니다. 이렇듯 삶에서
무엇을 가장 중요하게 생각하는가 하는 것을 '가치관'이라고 합니
다. 가치관이란 자기 자신을 포함해 세상 여러 일들과 세계나 그
속의 어떤 대상에 대하여 바라보는 태도와 생각의 틀을 말합니다.
사람은 결정적인 순간 무엇을 선택하고 행동할 때 자신의 가치관
에 따른답니다. 사회적인 인정이 중요한 사람은 다른 사람들로부
터 자신의 능력과 성취를 충분히 인정받고 싶어 하기에 많은 사람
들로부터 주목받고 인정받을 수 있는 직업을 선택할 것입니다. 어
떤 사람은 어린 시절 아버지의 수입이 항상 불규칙해서 어린 시절
부터 경제적으로 불안했으므로 본인은 꼭 많이 벌지 못하더라도
월급이 규칙적으로 나오고 오래 길게 일할 수 있는 안정적인 직업
을 원합니다. 또 어떤 사람은 뭔가 창의적이고 새로운 것을 항상 경
험할 때 살아 있음을 느끼고, 사회와 공동체가 중요한 사람은 시간

을 내어 환경보호나 봉사활동을 합니다. 이처럼 자신의 가치관이 어떤지 아는 것은 진로선택과 직업선택에서도 굉장히 중요합니다.

미국의 에드거 샤인(Edgar Schein) 박사는 1961년부터 MIT 슬론 스쿨 MBA 과정에 있는 마흔 네 명의 남학생을 인터뷰하고 1973년에 다시 한 번 그들을 만났습니다. 14년 동안 추적·조사하면서 그는 어떤 직업에서 성공한 사람은 자신의 직업 가치관에 맞게 경력을 개발한 것을 알아냈는데요. 그는 직업 가치관을 여섯 가지 유형으로 분류했습니다. 전문성 추구형, 리더십 추구형, 자율성 또는 독립성 추구형, 안정성 추구형, 경제력 추구형, 봉사나 헌신 추구형입니다.

『시계를 멈추고 나침반을 보라』라는 책에 '직업 가치'라는 말이 나옵니다. 직업가치는 일을 바라보는 관점이자 일에 임하는 태도를 말합니다. '나는 일을 통해 무엇을 얻고 싶은가?'라는 질문에 대한 답이 되는 것이고 직업 선택에서 중요한 기준이 된답니다. 자신의 직업 가치에 대하여 솔직해야지 나중에 후회가 없고 억지로 끌려 다니는 삶이 되지 않습니다. 다음의 표에서 자신에게 중요한 직업가치 3가지를 골라 볼까요? 자신의 진로를 설정하고 직업을 선택할 때 도움이 될 것입니다.

관계	모험과 도전	성취감	독립성
도덕성	돈	정신적 성장	다양성
인정	고용 안정	건강	공정함
자유	지식과 기술	높은 미래성	마음의 평화
사회적 지위	창의성	사회적 공헌	일과 삶의 균형
능력의 발휘	재미와 열정	재능 계발	탐구심

하지만 기억해야 할 것이 있습니다. 현실에서 자신이 고른 것을 완벽히 실제로 이루기는 굉장히 어렵고 많은 노력을 필요로 한다는 것을요. 그래서 우선순위를 정하고 시기와 상황에 따른 최적의 결정을 하는 것이 최선이랍니다. 내 욕망에 솔직한 다음엔 이제 적극적으로 어떻게 원하는 것을 얻을지 고민하고 실행해야 합니다. 체계적인 직업 진로 가치관 검사를 해 보고 싶은 사람은 워크넷(www.work.go.kr)에서 무료로 할 수 있습니다.

가치를 부여해야
품격 있는 꿈이 된다

　'버킷리스트' 같이 꿈을 적은 목록과 '비전'은 어떤 차이가 있을까요? 비전은 갖고 싶은 것, 되고 싶은 것, 하고 싶은 것, 가고 싶은 곳을 넘어서는 한 차원 수준 높은 고귀한 것입니다. 물론 꿈 목록을 적는 것도 정말 의미 있고 중요합니다. 먼저 그 단계로부터 시작되기 때문이죠. 그런데 비전은 꿈 목록과 달리 나와 가족, 이웃과 공동체 더 나아가 인류가 기뻐하는 '가치'에서 출발하기에 다르답니다. 이때 '가치'는 앞에서 다룬 '가치관'과는 다릅니다. 가치라는 것은 대상이 가지는 중요성이나 필요성, 인간의 욕구나 관심의 대상 또는 목표가 되는 진선미 따위를 통틀어 이르는 말입니다. 좀 어렵지요? 가치관은 '어떤 것을 가치로 보느냐', 즉 바라보는 시각을 말합니다. 어떤 사람은 A가 가치 있다고 생각하지만 어떤 사람은 A가 가치 없다고 생각하게 되는 본질적 이유가 바로 가치관이 달라서랍니다. 앞에서 우리는 직업 가치관에 대하여 알아봤습니다. '나는 일을 통해 무엇을 얻고 싶은가?'의 대답이 저마다 다른데 이게 바로 '가치관'이 달라서입니다. 가치관은 다 다를 수 있습니다. 그런데 모두 다른 이 가치관에 이웃과 인류에게 쓸모 있고 중요하고 보다 더 행복하게 해 줄 수 있는 '가치'를 더한다면 품격 있는 꿈인 비전이 된답니다.

위대한 사람은 태어나는 것이 아니라, 그들이 붙들고 있는 비전에 의해서 만들어져 간답니다. 우리는 우리가 가지는 비전 이상의 사람이 절대 될 수 없답니다. 처음부터 위대한 사람은 없어요. 위대한 비전이 그 사람을 위대한 사람으로 만드는 것이죠. 비전은 정말 평범하고 별 볼 일 없는 사람도 뛰어난 사람이 되도록 힘을 주고 자극하며 삶을 이끈답니다. 돈, 명예, 권력만이 아니라 '내가 타인과 세상의 필요와 부족함을 어떻게 채우고 세상을 더 행복하고 이롭게 할지' 이런 품격 있는 가치가 여러분의 가치관이 되게 하세요. 우리는 저렴한 옷과 고급스러운 옷의 차이와 가치를 잘 압니다. 입어보면 확실히 질이 다른 것을 알기에 돈을 더 내고 고급스러운 옷을 선택하듯 가치관을 바꾼다는 것은 관점을 바꾼다는 것이며 내 마음, 생각, 의지, 선택의 기준을 보다 수준 높은 품격 있는 것으로 바꾸는 것입니다. 이건 전적인 나의 의지와 결단이 필요하답니다. 그런데 저는 이런 품격 있는 가치를 자신의 가치관이 되라고 여러분에게 담대하게 말합니다. 어릴 때부터 보는 눈, 즉 '가치'를 부여하는 가치관이 달라야 품격 있는 인생과 비전을 누리며 살아가기 때문입니다.

비전을 만드는
생각의 전환

그런데 우리는 비전에 대하여 오해를 합니다. '나 같은 사람이?' 아니면 '괜히 어설프게 희생하고 고생만 하고 힘들고 가난하게 사는 거 아니야?' 하고 말입니다.

> ○○의 즐거움을 타인과 나누기 위해 ○○가 되겠다.
> ○○로 사람들에게 편리함을 주고 유익을 주겠다.

이러한 마음이 비전의 '시작'입니다. 처음부터 테레사 수녀님처럼 바로 이타적으로 세상을 위해 헌신하는 것이 아니라 먼저는 내가 좋아하고 잘하는 것으로 시작하고, 내 주변 이웃부터 사는 도시, 대한민국, 전 세계로 서서히 이타적인 영향력을 확장해 나가는 것입니다.

이런 비전을 가진 사람을 저도 우연히 TV에서 만났습니다. 카이스트 산업디자인학과 배상민 교수는 디자인의 즐거움을 타인과 나누기 위해 디자이너가 되었고 디자인으로 사람들에게 유익함과 편리함을 주고 계십니다. 먼저 이분은 디자인 자체를 굉장히 즐기

시고 탁월하게 잘해 세계 4대 디자인 대회 수상만 50회가 넘습니다. 적정기술(그 기술이 사용되는 사회 공동체의 정치적, 문화적, 환경적 조건을 고려해 해당 지역에서 지속적인 생산과 소비가 가능하도록 만들어진 기술로, 인간의 삶의 질을 궁극적으로 향상시킬 수 있는 기술을 말한다)을 활용한 디자인 제품으로 아프리카 주민들이 삶을 잘 꾸려나가도록 혁신적인 활동을 많이 했습니다. 배상민 교수는 자신의 비전인 '나눔 디자인'을 실천하고 있습니다. 우리도 모두 우선 재능이 탁월해지도록 배우고 훈련하여 결국은 사람들과 나누는 인재가 되길 소원합니다.

≳ 비전을 만드는 생각의 확장 ≲

간호사 → 곧 임종을 앞둔 호스피털리티 병동의 환자들이 평안하게
죽음을 맞이하도록 돕는 전문 호스피털리티 간호사가 되고 싶다.

빅데이터 전문가 → 국가와 국민이 행복한 삶을 살도록
정책과 제도를 만드는 데 필요한 빅데이터 분석가가 되고 싶다.

❖ 예시 ❖

● 1단계. 진로 프로파일 만들기

1. 진로적성 파악 도구: 다중지능 검사
결과: 공간지각 능력, 논리수학 지능, 자기이해 지능

2. 성격(성향) 파악 도구: MBTI 검사
결과: INTJ(내향형, 직관형, 사고형, 판단형)
사고가 독창적이며, 창의력과 비판 분석력이 뛰어나며 내적
신념이 강하다.

3. 가치관 파악 도구: 직업가치관 검사
결과: 성취, 봉사, 금전적 보상

4. 직업흥미 파악 도구: 홀랜드 검사
결과: 현실형, 예술형, 탐구형

5. 나의 관심사: 과학과 미술, 만들기, 그리기, 애니메이션(웹툰),
사진, 영화, 환경보존, 적정기술

6. 검사 결과 종합 추천직업군
건축가, 디자이너, 과학자, 발명가, 컴퓨터진문가, 사회사업가, 엔
지니어, 큐레이터, 광고 및 홍보전문가, 사진작가 등

2단계. 비전과 직업 구체화하기

1. 꿈을 가지게 된 계기

초등학교 때부터 의사가 꿈이었다. 아니 꿈이라고 생각했다. 의사가 되면 좋을 것 같긴 하다. 부모님이 내가 어릴 때부터 되길 바라시는 직업이기도 하고 의사가 되면 돈도 많이 벌고 안정적이기 때문이다. 그런데 공부를 오랫동안 잘할 자신도 없고 뭔가 마음이 생기지 않는다.

중학교 때부터 주변 사람들은 나에게 아이디어가 기발하다고 했다. 특히 내가 그림을 그려서 무엇을 표현하면 그렇게 박수를 치고 "대박!"이라면서 반응이 뜨겁다. 교회학교 학생부 전도대회 홍보물을 만들었을 때도 반응이 뜨거웠고 학교에서도 그리기와 만들기를 하면 친구들이 치켜세워 주었다. 무엇보다 나는 글보다 그림이 편하다.

이번에 디자인박람회에 참여하면서 디자인이 단순히 어떤 제품을 만드는 데 쓰이는 것이 아니라 '문제를 해결하는 방식'이 될 수도 있다는 것을 깨달았다. 그러던 중 TV에서 우연히 나눔디자이너 배상민 교수와 관련된 방송을 보게 되었다. 나도 저 교수님처럼 디자인을 멋지게 하고 싶다는 뜨거움이 올라왔다. 그래서 나도 꼭 세상을 유익하게 만드는 '나눔 디자이너'가 되고 싶다.

2. 비전(구체적인 꿈의 모습)

사람들의 삶의 질을 향상시키고 환경을 보존할 수 있는 '지속 가능한 발전(계발)'을 돕는 상품과 서비스를 디자인하는 나눔 디자이너가 되고 싶다.

❖ 적용하기 ❖

앞의 예시처럼 이제 자신의 진로파일을 만들어 보자.

● 1단계. 진로 프로파일 만들기

이 프로파일은 학교에서 한 검사 결과지를 보고 작성해도 되고 워크넷 무료 직업심리검사에서 직접 해 보고 난 뒤 작성해도 됩니다.

워크넷: www.work.go.kr

1. 진로적성 파악: 다중지능 검사 결과를 적어 보자.

2. 성격(성향 파악): MBTI 검사 결과를 적어 보자.

3. 가치관 파악: 직업가치관 검사 결과를 적어 보자.

4. 직업흥미 파악: 홀랜드 검사 결과를 적어 보자.

5. 관심사를 적어 보자.

6. 검사 결과 종합 추천직업군을 적어 보자.

2단계. 비전과 직업 구체화하기

1. 꿈을 가지게 된 계기

2. 비전(구체적인 꿈의 모습)

Part 03

S·T·O·R·Y로
진로를 찾아라

생각할 수 있는 뇌와

사랑하는 마음의 심장과

두려움을 잊을 수 있는 용기는

이미 너희들 속에 있다.

그래도 원한다면 내가 만들어 주지.

하지만 사용하는 법은 알려줄 수 없다.

그건 너희들 스스로 터득해야 하니까.

- 라이먼 프랭크 바움(Lyman Frank Baum), 『오즈의 마법사』 중에서

진로는 S·T·O·R·Y 시스템으로
찾을 수 있다

　이 세상 모든 사람은 저마다의 꿈을 꾸지만 어느 누구나 꿈을 다 이룰 수 있는 것도 아닙니다. 꿈을 이뤄 나가는 과정에서 방향을 알지 못해 허우적거리며 방황을 하기도 하고, 방향은 알았다고 하지만 한계에 다다르고 지쳐서 포기할 수도 있습니다. 그런데 꿈을 못 이루는 가장 큰 근본된 이유는 무엇일까요? 바로 '자신을 정확하게 알지 못하는 것'입니다.

　일본 애니메이션을 좋아해서 성우가 되겠다는 고3 학생이 있었습니다. 저는 그 학생에게 왜 성우가 되고 싶느냐고 물었습니다. 그 학생은 '하루 종일 애니메이션을 보면서 돈도 많이 벌고 싶어서요'라고 답했습니다. 저는 그 학생에게 성우가 되는 방법을 조사해 보라고 숙제를 내줬습니다. 그 학생은 성우가 되는 길을 조사했습니다. 성우가 되기 위해 대부분의 사람들은 연극영화과에 입학하는데, 정규 대학은 아니지만 전문학원이나 교육기관에서 배우면서 방송국 성우 공채 시험을 통해도 된다는 것을 알아냈습니다. 그런데 가장 큰 문제는 그 학생에게는 성우가 될 만한 '끼'가 없다는 것입니다. 발음실력과 연기력은 당연히 좋지 않았습니다. 물론 이런 기술적인 것은 배워서 어떻게 한다고 하지만 그 학생은 막연히 애니메이션이 좋아서 그 일을 하고 싶었던 것이지 평소에 말도 굉장히 어눌했고 성향 자체가 감성을 풍부하게 표현하는 스타일도 아니었으며 목소리도 좋은 편이 아니었습니다. 그 학생은 진로에서 가장 중요한 것, 바로 자기 자신을 객관적으로 볼 수 있는 눈이 열리지 않았던 것입니다. 실제로 많은 사람들은 자신의 강점과 부족한 점에 대하여 또 자신이 진정 원하는 것이 무엇인지 모릅니다. 그러다 보니 실체 없는 꿈과 성공을 막연하게 쫓으며 엉뚱한 길로 빠지거나 노력은 굉장히 많이 하지만 결국은 성공을 못 하는 헛고생을 합니다. 진로는 단순히 직업만 정하는 일회적인 결과처방이 아닙니다. 자기이해의 연속입니다. 그런데 이 자기이해라는 것도 말은 참 좋고 쉬운데 실제로 지속해서 진로를 찾기에는 굉장히 어렵습니다. 그래서 이 진로를 찾는 과정을 'S·T·O·R·Y' 프로세스로 만들어 봤습니다. **'S·T·O·R·Y'는 Strength(강점), Topic(관심사), Opportunity(기회), Reality&Road map(현실파악&로드맵), Yearning(열망)의 앞 글자를 따서 만든 진로탐색 프로세스입니다.** 'S·T·O·R·Y' 시스템을 내 안에 장착하여 진로를 찾는 것을 포기하지 않는다면 어느 순간 '어? 열린다!'

안개가 걷히는 것 같은 느낌을 받을 것입니다. 어느 누구나 이 프로세스로 꾸준히 자신을 탐색한다면 진로를 찾을 수 있습니다.

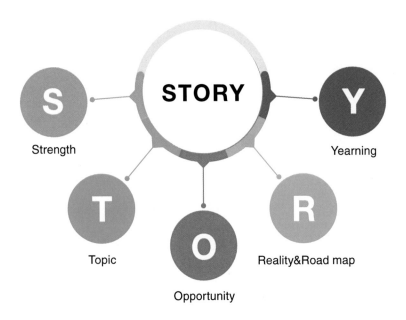

Strength: 강점

나는 어떤 재능을 타고 났을까?

　행복한 인생, 꿈을 이루고 성공한 인생은 '자기다움'에 민감한 사람들의 것입니다. 먼저는 자신을 정확하게 알고 자신이 가장 최적화된 상태, 즉 자신의 최대 버전을 극대화하고자 노력하고 성장하는 사람들입니다. 그런데 이게 가능하려면 '강점'에 승부를 걸어야 합니다. 강점의 씨앗이 있는 곳에 물을 주고 양분을 공급해야지 잘 자라납니다. 강점과 재능은 눈에 드러나기 마련이랍니다. 어떤 학생은 축제 때 동아리에서 만든 양말인형을 완판시켜 흑자를 봤습니다. 솔직히 제 눈에는 뭔가 어설퍼 보여서 '저걸 누가 살까?', '사는 사람이 과연 있을까?' 걱정했는데 정말 쓸데없는 걱정이었습니다. 그 학생은 얼마나 기분 좋게 말을 잘하고 다른 사람들이 구매하도록 유도를 잘하는지 보는 내내 감탄이 나왔습니다.

　어떤 사람은 명문대 졸업 후 대기업에 다녔습니다. 그런데 이런저런 마음의 변화를 겪은 후, 지금은 물류센터에서 물건들을 배치하고 정리하는 업무를 한다고 합니다. 남들 다 자는 심야시간에 그분은 지게차를 운전하면서 가장 최적화된 장소를 찾아내 물품을 배치하고 배열하는데요. 일을 다 마친 다음에 자신이 배치한 물품과 깔끔하게 정돈된 그 공간을 보면 그렇게 뿌듯하고 짜릿하다고 합니다. 저는 이분의 말을 듣고 무척 경이로웠습니다. 아무나 이렇게 분류하고 정리하고 정돈하는 것을 좋아하고 잘하지는 못하기 때문이죠. 이분의 어린 시절을 물어봤더니 역시나 어릴 때부터 방을 홀딱 뒤집어 정리를 척척 해냈다고 합니다. 돼지우리같이 엉망인 방에서 잘 분류를 해서 정리 정돈을 하는 게 저는 평생 한 번 할까 말까이거든요. 이런 재능을 이분은 도서관에서 발휘할 수도 있었을 것입니다. 그런데 지금 물류센터에서 일하고 있습니다. 이제 이분은 전국의 어떤 대형 할인마트에 가든지 동선과 함께 물건의 배치까지 눈에 확 들어온다고 합니다. 이분도 맨 처음엔 자신의 이러한 정리재능이 어떻게 직업과 연결될지는 생각 못 했다고 해요. 그저 하라는 대로 대학 나와서 직장을 다니며 일하는데 너무 피곤하고 지쳤다고 합니다. 무엇보다 본인은 '대인관계' 능력이 너무 부족해서 사람들과 부대끼는 것이 큰 스트레스였다고 합니다. 노력해서 적응은 한다지만 자신의 존재 고유의 최대치의 기쁨은 일하면서 누릴 수 없었던 것이죠. 그러면서 자신이 정말 잘하고 좋아하는 것이 무엇인가, 일은 어떻게 하며 돈은 얼만큼 버는 것이 나에게 적당한 것인가 정말 많은 탐색과 고민을 했다고 합니다. 강박관념이 있다고 할 정도로 정리 정돈을 좋아하고 그것에서 기쁨까지 느끼는 자신을 보면서 그분은 현재의 직업으로 바꿨고 지금은 사람들과 부대끼지 않고 차분히 정리 정돈하는 이 일이 너무 좋다고 합니다. 남들은 쌓여진 그 물류를 보면서 이걸 언제 다하지 하고 한숨을 쉬는데 이분은 반갑고 즐겁다고 합니다.

이처럼 적성과 강점은 사람마다 모두 다르답니다. 어떤 사람은 미적 감각이 뛰어나서 사진 하나를 찍어도 다르게 찍고 요리 하나를 만들어도 눈길이 가고 미소가 나오게 정말 잘 꾸민답니다. 딱히 애쓰고 어렵게 노력하는 것도 없는데 그저 그 감각이 타고난 '끌리는 대로(본능대로)' 한 것이 사람들에게 기쁨과 만족을 준 것이죠. 이처럼 사람마다 타고난 강점은 모두 다 다릅니다. 그렇다면 나는 어떤 강점을 가지고 있는지 어떻게 알 수 있을까요?

다중지능 그리고 역량에 주목하자

강점은 먼저는 자신의 재능에 기초합니다. 재능을 알 수 있는 검사 중 가장 유명한 것이 바로 '다중지능'입니다. 다중지능은 인간의 소질과 능력에 8가지가 있다고 보는데요. 8가지의 지능을 살펴보면 첫 번째 언어 지능, 두 번째 논리수학 지능, 세 번째 음악 지능, 네 번째 공간 지능, 다섯 번째 신체운동 지능, 여섯 번째 대인관계 지능, 일곱 번째 자기이해 지능, 여덟 번째 자연친화 지능입니다.

"아인슈타인은 논리수학 지능, 공간 지능은 뛰어나지만 언어 지능은 조금 부족하다"

"아이돌 가수는 신체 지능, 음악 지능은 뛰어나지만 논리수학 지능은 조금 부족하다"

다중지능은 IQ처럼 공부 못 하는 인간, 공부 잘하는 인간으로 나누는 게 아닌 각각이 가지고 있는 강점과 재능에 집중하는 것입니다. 공부를 잘하는 것은 수많은 재능 중 하나일 뿐입니다. 공부를 잘하려면 주로 필요한 지능이 바로 논리수학 지능, 언어 지능입니다. 그런데 어떤 사람들은 논리수학과 언어 지능이 부족하다고 속상해합니다. 본인은 공간지각 능력과 미적 감각이 뛰어난데 말이에요. 전혀 비교하고 위축될 필요가 없는데도 말이죠. 사실 엄밀히 말해서 세상 사람들의 지능은 단지 8가지뿐일까요? 8가지 지능 말고도 아직도 여전히 말로 정의되지 않는 다양한 지능이 있답니다. 일반적으로 강한 지능 3개 정도가 직업을 탐색할 때 유의미하다고 봅니다. 강점을 기초로 직업을 찾을 때는 3가지 강점을 모두 살펴서 교집합 또는 합집합으로 관심 직업 분야를 찾습니다.

그런데 이런 재능도 중요하지만 '역량'도 중요합니다. '역량'이란 무언가를 해낼 수 있는 힘(능력)을 의미합니다. 이제 전 세계의 기업과 대학은 '성적'만으로 인재를 선발하지 않고 '역량'으로 선발합니다. 우리나라 대학도 '학업 역량', '진로 역량(전공 적합성)', '인성', '발전 가능성' 등의 역량으로 선발하고 기업 또한 직무 역량을 살피고 선발합니다. 앞에서도 계속 강조했지만 2020년 이후부터는 평생직장이 사라지고, 한 사람이 평생에 걸쳐 10개 정도의 직업을 가질 것이라고 예측합니다. 이와 같은 직업세계에 적응하려면 무엇이 필요할까요? 바로 **다양한 직업으로 변화할 수 있는 역량과 적응 능력 그리고 기꺼이 새로운 것에 대하여 배우고자 하는 열린 마음이 필요합니다.** 그렇다고 막무가내로 이 직업 했다가 저 직업 했다가 하는 것이 아닙니다. 모든 사람에게는 저마다의 **'일관된 강점 코드'**가 있고 그 코드에 맞는 직업군 안에서 다른 직업을 서서히 확장해 나가는 것입니다. '사회복지사'가 갑자기 '빅데이터 전문가'가 되는 것은 굉장히 오랜 시간이 걸리고 어렵지만 '평생교육사'나 '다문화코디네이터' 또는 '노년 플래너'로는 쉽게 확장이 가능하지 않을까요? 또 다른 예를 들어보겠습니다. 공간지각 능력과 미적으로 꾸미는 능력, 그리고 설계 및 디자인 능력이 뛰어난 건축가는 'U-시티 기획자'나 '조경 디자이너'가 되는 것이 '평생교육 상담사'나 '사회복지사'가 되는 것보다는 더 효율적일 것입니다. 사람들이 미래 직업세계를 두려워하는 것은 기존 직업에서 '잘리면 뭐 먹고살아야지?' 하는 걱정과, '직업을 구하기 위해서 내가 못하는 것을 또 학교 다닐 때처럼 억지로 지루하게 배워가며 해야 하는 것 아니냐' 하는 생각입니다. '그 지루한 것을 언제 배워서 습득하고 일하고 돈 벌지?' 이런 막막함이 나를 압도하면 정말 괴롭습니다. 하지만 나의 강점과 흥미 코드에 맞는 직업군 안에서 찾는다면 이런 두려움은 줄어들 것입니다. 마치 자동차를 잘 파는 영업왕은 정수기를 팔라고 해도 잘 팔고 가전제품을 팔라고 해도 잘 팔고 화장품을 팔라고 해도 잘 파는 이치랍니다. 즉, 강점과 흥미를 기본으로 역량을 쌓기 위해 기술을 배워 나가면서 활용할 수 있는 직업들을 계속 확장해 나가는 것이죠. 쉽게 말해 맨땅에 헤딩하는 것이 아니라 내가 기존에 잘하고 좋아하는 것들에 조금만 추가하여 뭔가를 더 배워 나가고 훈련해 가는 것입니다.

미래 7가지 직업군

호주청년재단 FYA(Foundation for Young Australians)는 지금 15살인 청소년들은 평생 동안 평균 5가지의 직업과 17곳의 직장을 경험하게 될 것이라 예측하고 이에 맞춰 진로교육을 해야 한다고 말합니다. 그래서 이제는 직업(Job)이 아니라 직업군(Job Cluster)을 염두에 두고 미래를 꿈꿔야 한다고 말합니다. 직업군은 쉽게 말해 비슷한 업무 역량을 필요로 하는 '직업 그룹'으로 이해하면 됩니다. 이 단체에 따르면 한 가지 직업을 위해 훈련된 역량을 가진 사람은 평균 13개의 다른 직업도 수행할 수 있는 역량을 갖추게 된다고 합니다. 이렇게 비슷한 역량을 요구하는 직업들을 묶은 것이 바로 직업군인 거죠. 그래서 각 직업 그룹 안에 속한 직업들은 필요한 기술과 직업 환경이 서로 비슷하다는 특징을 갖고 있습니다. '7가지 직업 그룹'은 다음과 같습니다.[1]

---

1 자료 출처: 호주청년재단(FYA·The Foundation for Young Australians), '새로운 일의 질서' 보고서

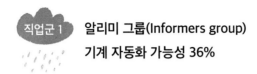

직업군 1 알리미 그룹(Informers group)

기계 자동화 가능성 36%

① 특징: 교육, 비즈니스, 정보 분야의 지식을 제공하는 전문가들이 여기에 속함

② 핵심 역량: 데이터 분석, 기획 능력, 의사소통 능력, 글쓰기 능력, 대인관계 능력, 가르치는 능력, 창의성 등

③ 관련 직업: 마케팅 전문가, 회계사, 변리사, 교수, 교사, 마케팅 경영 관련 교과목 교사, 국어 교사, 정보 담당자, 변호사, 검사, 판사, 채용 컨설턴트, 코치, 공인중개사, 경제학자, 정책 분석가, 조직 심리학자, 증권사 투자분석가, 영업 관리자, 경영 컨설턴트, 세무사, 노무사, 법무사, 번역가, 기자, 박물관 큐레이터, 사서, 공무원, 기업홍보 전문가, 영상 연출가, 창업 컨설턴트, 동시통역사, 상품 기획자, 투자 상담사, 주식중개인, 경영전략 컨설턴트, 학원장, 쇼 호스트, 웨딩 플래너, PR 전문가, 입학사정관, 컴퓨터 프로그래밍 강사

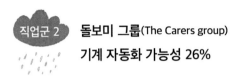

직업군 2 **돌보미 그룹**(The Carers group)

기계 자동화 가능성 26%

① 특징: 사람들의 몸과 마음의 건강, 복지, 삶의 질 향상 추구

② 핵심 역량: 공감 능력, 소통 역량, 서비스 역량, 협업 역량, 시
  간관리 역량 등

③ 관련 직업: 의사, 간호사, 심리상담사, 교사, 사회복지사, 보육
  교사, 약사, 수의사, 한의사, 유치원 교사, 사회봉사단체 직원,
  헬스 트레이너, 마사지사, 네일 아티스트, 피부 관리사, 코치

직업군 3 조정 관리자 그룹(Coordinators group)
기계 자동화 가능성 71%

① 특징: '코디네이터'라는 말에는 조정자, 진행자, 관리자의 의미
가 담겨 있다. 사무 고객 상담 분야에서 반복적인 관리나 사후
처리를 담당하는 서비스 업무

② 핵심 역량: 시간관리 역량, 꼼꼼함, 전체를 잘 살피는 안목, 협
업 역량, 서비스 역량 등

③ 관련 직업: 대학교 직원, 공무원, 사무직, 회계사, 인사팀 담당
자, 호텔리어, 소매점 주인, 엔지니어, 데이터 베이스 관리자, 영
양사, 법률 사무원, 물류 관리, 승무원, 데이터 마이너, 속기사,
도서관 사서, 비서, 건설 현장 책임자, 마케팅 매니저, 웨딩 코
디네이터, 레스토랑 매니저, 경찰, 프로젝트 매니저, 공연장 스
태프, 연예인 매니저 등

직업군 4 영업인 그룹(Generators group)

기계 자동화 가능성 45%

① 특징: 경영, 유통, 영업, 무역, 서비스, 접대 등의 대인 업무

② 핵심 역량: 설득 능력, 의사소통 능력, 대인관계 능력, 서비스 능력

③ 관련 직업: 사업가, 영업사원, 호텔 매니저, 은행 매니저, 스포츠 선수 에이전트, 연예인, 통역사, 관광 가이드, 고가 브랜드 지점장, 도소매업자, 승무원, 마케팅 매니저, 주식중개인, 펀드 매니저, 경매사, 로비스트, 공인중개사, 쇼 호스트, 레크리에이션 강사 등

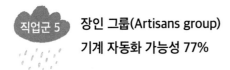

직업군 5 장인 그룹(Artisans group)
기계 자동화 가능성 77%

① 특징: 생산, 제조 분야에서 타고난 재주로 몸을 직접 활용하는 업무

② 핵심 역량: 꼼꼼함, 계획성, 실제 그 분야의 스킬, 문제 해결력, 타인 훈련 역량 등

③ 관련 직업: 요리사, 제과제빵사, 금속공예가, 목공예가, 조경업자, 배관공, 기계 운전사, 농장 노동자, 자동차 정비 기사, 미용사, 축산업자, 도선사, 수공업자, 안경사, 비행기 조종사, 바리스타, 플로리스트, CAD 전문가, 포클레인 조종사, 조향사, 컴퓨터 수리 기사, 보석 세공인, 페인트 기술자 등

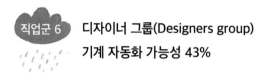 **직업군 6** **디자이너 그룹(Designers group)**
기계 자동화 가능성 43%

① 특징: 과학, 수학, 미술, 설계, 디자인 지식을 활용해 아이디어나 제품이 세상에 '실재'로 존재하도록 새롭게 창조하는 직무

② 핵심 역량: 문제 해결력, 디지털 문해력, 창의성, 계획 수립과 실행 능력, 대인관계 능력 등

③ 관련 직업: 가상공간 증강현실 디자이너, 건축 디자이너, 의류 디자이너, 건축공학자, 인테리어 디자이너, 편집 디자이너, 자동차 디자이너, 로고 디자이너, 식품 공학자, 웹 디자이너, 산업 디자이너, 도시 계획가, 보석 디자이너, 조경사, 게임 디자이너, 지질학자, 산업공학자, 제약 회사 연구원, 무대 디자이너, 금속 공예가, 게임 그래픽 디자이너, 브랜드 디자이너, 스타일리스트 컴퓨터 시스템 엔지니어, 요리사, 웹툰 작가 등

직업군 7 디지털 전문가 그룹(Technologists group)
기계 자동화 가능성 50%

① 특징: 정보통신 기술, 디지털 기술을 활용한 직무

② 핵심 역량: 논리 역량, 수학 역량, 문제 해결력, 꼼꼼함, 관리 역량, 협업 역량 등

③ 관련 직업: 인공지능 전문가, 프로그래머. 빅데이터 전문가, 정보 보안 전문가, 데이터베이스 관리자, 소프트웨어 엔지니어, 가상현실 전문가, 사물인터넷 개발자, ICT 비즈니스 분석가, 게임 개발자, 해커, 홈페이지 제작자, 앱 개발자, 웹 마스터, 유튜버 등

이제는 진로를 정할 때도 숲과 나무를 보는 능력이 필요합니다. 단순히 어떤 직업, 즉 나무 하나만 바라보는 것이 아니라 그 직업 나무가 이룰 수 있는 '직업군'이라는 숲을 보고 그에 맞는 강점과 역량을 키워 나가면 흔들림 없는 미래 인재가 될 것입니다.

강점은 어떻게 이루어지는가?

사실 강점은 찾는 것보다 만들어 나가는 것입니다. 그저 일반적인 장점이 강점이 되기까지는 시간이 무르익어야 합니다. 가끔 강점과 장점을 혼동하기도 하는데 장점은 자신이 좋아하거나 자기 안에서 그나마 다른 것과 비교했을 때 잘하는 것을 말합니다. 하지만 강점은 엄연히 비교대상이 존재합니다. 게임을 잘하는 남학생이 있습니다. 그 학생이 자기 반에서 가장 게임을 잘한다면 '강점'입니다. 하지만 프로게이머와 붙었을 때, 실력을 비교하면 '강점'은 다시 '장점'이 될 뿐입니다. 남학생에게 게임은 '장점'이지만 프로게이머에게 게임은 '강점'이 됩니다. 게임을 무척이나 좋아하는 남학생에게 게임이 장점이 아닌 강점이 되도록 더 미친 듯이 공부하듯 게임을 연구하고 연습하라고 한 적이 있습니다. '장점 수준으로는 밥 벌어먹고 못 산다. 강점이 되어야 밥 벌어먹고 산다'고 했더니 오히려 게임을 서서히 줄였습니다. 이 장점이 객관적인 '강점'이 되려면 바로 노력이 필요합니다.

강점 = 재능 × 노력

이 공식처럼 강점은 재능에 노력이 곱해져야 합니다. 더하기에서는 0을 더해도 값이 그대로이지만 곱하기에서는 0을 곱하면 값이 0이 됩니다. 검사를 통해서 발견한 재능이나 내가 일상에서 나를 살펴본 후 나온 나의 장점들이 있을 것입니다. 여기에 내가 앞으로 어떤 노력, 더 구체적으로 말하면 어떤 배움과 훈련을 해 나갈 것 인가를 선택하고 그걸 꾸준히 노력해 나가면 어느새 '강점'으로 되어 있는 것이죠. 마치 보석의 원석을 발견한 후 그 원석을 아름답게 갈고 닦는 것과 같은 이치입니다. 꿈을 이루고 성공한 사람들은 모두 다 끈기를 가지고 노력한 것을 우리는 이미 머리로 잘 알고 있습니다. '재능이 있다'는 건 '더 오래 노력한다'는 것입니다. 재능이 있다는 것은 남들보다 더 적게 노력하고 대충 해도 버틸 수 있다는 뜻이 아니라 오히려 그 분야에서 지치지 않고, 더 많이 더 오래 노력하는 연료 공급까지 스스로 할 수 있다는 것을 의미합니다.

단군신화를 보면 호랑이와 곰이 나옵니다. 100일 동안 맵고 쓴 마늘과 쑥을 동굴에서 먹습니다. 하루도 빠짐없이 매일 말이죠. 이처럼 다른 존재가 되려면, 지금의 나와 다른 또 다른 차원의 수준 높은 내가 되려면 이처럼 시간에 비례하는 절대치의 훈련과 노력이 필요하답니다. 물이 100도에서 끓는 것처럼 말이죠. 잊지 마세요. 저마다 고유의 강점이 제일 중요하고 그 강점은 시간을 필요로 한다는 것을.

1. 강점을 찾도록 도와주는 검사, 알고 받자.

　　요즘은 학교에서 진로적성 검사를 여러 번 시행한다. 그런데 문제는
검사만 하고 끝난다는 것이다. 검사는 말 그대로 엑스레이와 같은 '진
단'일 뿐이다. 이 병이 어떻게 생겼는지 자신의 삶을 되돌아보고 처방
대로 약을 먹고 운동하고 노력하는 것은 환자의 몫이다.
　　검사를 선택할 때 검사 명칭만으로 짐작해서 판단하면 안 되고 본인
이 가진 강점능력을 알고 싶은지, 혹은 본인의 기질에 따른 흥미유형
을 알고 싶은지, 진로선택에서 중요하게 여기는 가치특성을 알고 싶
은지의 목적에 따라 적합한 검사를 선택할 필요가 있다. 검사 후에는
꼭 검사 결과가 나랑 잘 맞는지 본인이 진지하게 확인하고 돌아봐야
한다. 내 일상에 정말 어떤 연관이 있는지 일부러 의식하면서 살펴봐
야 한다. 그리고 검사 결과에 나온 강점들이 내가 평소에 잘 인식하지
못했던 것인데 이번에 알게 되었다면 더 의식적으로 그 강점을 사용
해 보도록 노력하는 것도 좋은 방법이다.

2. 검사 결과를 통해서 나온 강점 이외에 평소에 내가 생
　각하는 나의 강점이나 장점을 생각나는 대로 모두 적
　어 보자.

3. 주변 사람들 부모님, 형제나 자매, 친구들, 선생님께 나
　의 강점과 장점을 인터뷰해 보자.

Topic: 관심사

현재의 관심사가 특별한 미래를 만든다

강점(Strengths)이 자신에게 해당되는 동사라면 관심사(Topic)는 명사입니다. 어떤 사람은 동물일 수도 있고 어떤 사람은 컴퓨터 프로그램일 수도 있습니다. 또 어떤 사람은 책이고 어떤 사람은 여행입니다. 관심사는 동물, 꽃, 여행처럼 구체적인 것일 수도 있지만 아이디어처럼 추상적일 수도 있습니다. 사람들마다 끌리고 반응하는 분야가 모두 다르기에 10인 10색인 것이죠. 그런데 안타깝게도 우리나라는 지금껏 모든 학생들이 같은 색을 가지도록 10인 1색 교육을 해 왔습니다.

"저는 패션에 관심이 많아요. 그래서 매달 패션잡지를 구독해서 보고 케이블 TV에서 하는 패션 프로그램도 즐겨 봐요. 나중에 디자인도 공부해서 디자이너 활동도 하고 패션잡지 편집장도 될 거예요. 그래서 내년엔 교내에서 패션동아리를 만들고 싶어요."

"저는 원래 아무것에도 관심이 없었는데, 고1 때 설민석 강사님의 역사 강의를 보면서 강사에 관심이 생겼어요. 그래서 강연 프로그램을 자주 봐요. 저도 꼭 강연 프로그램에 나가서 강의를 하는 스타 강사가 되고 싶어요."

이처럼 관심사의 항목은 아주 중요합니다. 오늘의 관심이 특별한 내일을 만드는 중요한 긍정 에너지이자 자원인 것이죠. 내 가슴을 설레게 하는 관심사야말로 진로지능을 키우는 쉽고 효과적인 방법입니다. 특히 관심사야말로 좋은 취미로 발전되어 정서적으로 불안정한 청소년의 학교생활에 긍정적인 영향을 끼친답니다.

그런데 청소년은 진로를 찾을 때 다음 고민을 꼭 합니다.

"잘하는 게 중요한가요? 좋아하는 관심사가 중요한가요?"

결론부터 말하면 성인이 아닌 자라나는 청소년에게는 '관심사'가 먼저라고 말하고 싶습니다. 앞에서도 말했지만 '강점=재능×노력'인데 대부분의 학생들은 재능에 맞는 노력(배움+훈련)을 제대로 한 경우가 정말 드뭅니다. 그래서 노력 자체를 해 보지도 않고 '잘한다, 못한다'를 그저 머릿속으로만 계산하는 게 말도 안 되는 것이죠. 특히 우리나라 학생들은 경험의 폭이 굉장히 제한적입니다. 그래서 먼저 '끌림' 있는, 나를 '즐겁게' 하는, '시간 가는 줄 모르게' 하는 그것이 더 중요합니다. 소위 말하는 '덕질', 그것이 곧 지속적인 훈련이 이뤄지도록 하는 에너지가 되기 때문입니다.

또 관심사가 없다는 학생들은 무엇보다 다양한 '경험'을 꼭 해 보길 바랍니다. 범죄와 비도덕적인 것 빼고는 무엇이든 해 보세요. 아무것도 하지 않으면 아무 일도 내 인생에 일어나지 않는답니다.

관심사로 진로를 찾고 성공한 사람들

인공지능 알파고를 개발한 데미스 하사비스(Demis Hassabis)는 그야말로 제대로 성공한 '덕후'랍니다. 게임에 몰두하다가 회사를 만들고 공부에 흥미가 생겨 박사를 땄으며 결국은 알파고까지 개발했으니까요. 완전 '알파 덕후'인 것이죠.

인스타그램을 만든 케빈 시스트롬(Kevin Systrom)도 관심사를 자신의 진로에 연결시킨 사람이랍니다. 그는 어릴 때부터 장난감보다 카메라를 가지고 놀기 좋아하는 사진광이었습니다. 부모님은 크리스마스 때마다 새 카메라를 사 주곤 했는데 그는 디지털 사진에 포토샵으로 여러 효과를 주는 것을 즐겼고 고등학교 시절에는 사진부 회장이었으며 대학교 2학년 땐 겨울방학 동안 이탈리아 피렌체로 가서 사진 수업을 듣기도 했습니다. 이 경험이 당연히 지금의 인스타그램만의 강점인 다양한 '필터'를 만드는 중요한 아이디어가 되었답니다.

알파 덕후로 성공한 사람이 또 있는데요. 바로 액션 카메라로 유명한 고프로(GoPro)의 창업자이자 최고 경영자인 닉 우드먼(Nick Woodman)이랍니다. 닉 우드먼 또한 어릴 때부터 서핑과 무선 조종 비행기 관련 기계에 푹 빠져 지냈습니다. 이 경험이 고프로를 만드는 원동력이 되었던 것이죠. 특히 서핑을 자신의 열정의 전부라고 말할 정도로 즐겨하고 사랑했는데 샌디에이고 캘리포니아 대학교에 진학하기로 결정한 것도 학교 근처에 서핑을 즐길 수 있는 바다가 있기 때문입니다. 우리나라로 치면 서핑하려고 대학을 서울이 아니라 강원도 양양이나 강릉으로 간 것이나 비슷한 경우인 것이죠. 서핑할 때의 짜릿한 순간을 카메라에 담고 싶은 그 간절함과 즐거움의 열정이 액션 카메라 고프로를 있게 만든 것입니다.

드론계의 스티브 잡스라 불리는 왕타오(汪滔)는 30대에 이미 5조 원에 이르는 자산가가 된 드론의 개척 보급자로 유명합니다. 초등학생 시절부터 왕타오는 공부보다는 비행기에 관한 글을 읽거나 대부분 시간을 모형 비행기를 조립하며 지냈습니다. 항상 비행기를 끼고 살았다는 그는 이런 말을 했습니다.

"가장 좋아하는 일을 사업의 아이템으로 삼아라"

자신이 가장 즐거워하고 가슴 떨리는 일이 직업이 되고 돈을 많이 버는 사업이 된 것이죠. 어떤가요? 이래도 관심사를 무시할 것인가요? 청소년 시절에는 범죄 빼고 다양한 것을 경험해서 자신이 끌리고 반응하는 것이 무엇인지 알아내야 합니다. 그래야 진로를 발견합니다.

관심사로 진로를 찾는 법

관심사가 무엇인지 적어 봅시다. 이때 가장 중요한 것이 '모든 것이 다 가능하다'는 생각입니다. 관심사를 적자고 하면 고민만 하고 못 적는 학생들이 참 많습니다.

"이것은 부모님이 싫어해서 안 되고, 이것은 너무 어렵고 내 실력이 안 될 것 같고, 이것은 돈이 없어서 안 되고, 이것은 왠지 사람들 눈에 없어 보이고 이상해 보일 거 같고."

신기하게도 될 이유 말고 이런 저런 안 될 이유나 조건만 정말 잘 찾아내는 사람들이 참 많습니다. 이렇게 지레짐작 겁먹고 계산만 하기에 진로를 찾을 때도 제한받는 것입니다. 이번엔 어떤 조건도 따지지 말고 왠지 끌리고 왠지 눈과 마음이 간다면, 즉 관심을 끄는 것이면 무엇이든 적어 보도록 합시다.

관심사 목록을 적은 다음에는 앞에 S(강점) 파트에서 찾은 내가 가진 재능이나 강점 역량이 무엇인지 다시 확인합니다. 내가 적은 관심사 목록 중에서 나의 재능이나 강점을 위해 훈련할 역량과 연결되고 관계된 것이 바로 '진로', 더 나아가 비전이 될 확률이 높습니다.

≥ S(강점) ≤

<다중지능 검사를 통해 알게 된 나의 강점>

글을 읽고 핵심을 파악하는 능력이 뛰어나다.
말을 통해 자신의 생각을 표현할 수 있는 능력이 뛰어나다.
글이나 말을 이용한 창작 활동에 소질이 있다.
직관적이고 추상적인 사고를 한다.
자신이 지향하는 이상에 대해서 정열적인 신념을 지니고 있다.
적응 능력이 뛰어나다.
사람들과 함께 일하는 것을 좋아하고 기분과 감정을 잘 맞춰 준다.

≥ T(흥미) ≤

영화, 독서, 여행, 음악을 무척 좋아한다.
인간과 종교, 정신세계에 관심이 많다.
자신의 생각이나 느낌을 말이나 글로 표현하는 것을 중요하게 여긴다.
창조적이고 자신을 표현하며 자유로운 직업을 선호한다.
문학, 철학, 예술, 상담, 사회, 역사, 심리학과 같은 분야에 관심이 많다.

이 'S-T' 단계에서는 관심사와 일치하는 재능을 찾아 훈련을 해나갈 것을 찾는 것이 우선입니다. 그렇다고 재능과 맞지 않는다거나 배우고 훈련할 역량과 맞지 않는 관심사라고 해서 무시할 필요는 없습니다. 재능과 연결되지 않는 관심사라도 일상에서 나를 즐겁게 하고 가슴 떨리게 하는 것이라면 훈련과 노력을 통해 진로로 확장할 수도 있기 때문이죠. 그러면 그 분야에서 완전 성공하는 1급의 최고 전문가나 몸값이 가장 높은 사람까지는 아니어도 내가 좋아하고 행복한 일로 직업을 삼기에 긍정 에너지가 넘쳐 어느 순간 '잘나가는 사람'이 되어 있을 수도 있답니다. 그 삶에서 내가 예상치 못한 또 다른 기회가 열리기 때문이죠.

또 앞으로는 사람들의 라이프스타일이 정말 다양해지기 때문에 다양한 맞춤형 서비스나 상품이 필요합니다. 그래서 현재는 '사람들이 이런 걸 찾을까' 싶은 관심사이더라도 미래에는 시장에서 인기가 생겨서 돈을 많이 벌 수도 있습니다. 그래서 독특한 관심사와 재능을 가진 개성 넘치는 사람들은 체계적인 배움과 훈련을 통해 더 자신만의 진로와 부를 이뤄나갈 수 있을 것입니다.

1. 관심사를 찾기 위한 다음 질문에 답을 적어 보자.

주로 돈을 쓰거나, 돈이 생기면 쓰고 싶은 내용:

자신의 방을 채우는 즐거운 물건, 습관(환경):

일주일 시간표 속에서 마음에 드는 과목의 시간은:

시간 가는 줄 모르고 하는 것은:

시키지 않아도 알아서 하는 일은:

무엇을 할 때 즐겁고 행복한가?:

무엇을 할 때 집중이 잘 되는가?:

나도 모르게 다른 사람들에게 말을 많이 하는 분야:

인터넷을 켜면 가장 많이 클릭하고 보는 분야:

2. 표를 참고해서 내 마음대로 나만의 시간표를 짜 보자.

악기 연주	게임	요리하기 (제과 제빵포함)	인터넷 웹서핑 블로그, 페이스북 등 SNS 하기	주변 정리정돈, 청소하기 환경보호
어떤 사실에 대해 설명하기	사진 찍기	손으로 직접 만들고 제작하기	운동하기 스포츠 감상	수학문제 풀기
자료 정리하기, 스크랩북 제작, 파일 제작, 책 만들기	PPT 만들기, 문서 제작, 편집 등	식물 기르기	춤추기	TV, 방송, 영화감상
지도자가 되는것 -리더십 발휘하기	친구 고민 들어주고 해결해 주기	독서하기	여행 가기	음악 감상
글쓰기 (시, 소설, 에세이)	유튜브 콘텐츠 제작 UCC 제작	과학실험하기	공연 보기	사람들과 이야기하기
시각적으로 멋지게 꾸미기	친구나 동생 공부 도와주기	역사적인 사실 알기, 내가 관심 있는 분야 의 배경지식 알기	봉사활동 하기	패션 스타일링
발표하기	수집하기	용돈 기입장 쓰기	계산하기	저축하기
주변 사람들 웃기고 즐겁게 해 주기	노래 부르기	메이크업, 네일아 트, 헤어 등 뷰티활동	디자인하기, 기획, 구상, 설계, 제작 등	노트 징리하기, 메모하기
동물 키우고 돌보기	외국어 회화	물건 고치기	종교 활동	조립하기
토론하기	바느질, 십자수, 뜨개질, 꽃꽂이	긍정적으로 생각하기	인사 잘하고 모르는 사람에게도 잘 다가가기	별 관측하기
홍보하기 캠페인 활동	컴퓨터 프로그램 설계나 코딩하기	포토샵, 일러스트 등 디자인툴 활용하기	물건 판매	서빙이나 서비스일 하기

3. 좋아하는 것을 확장하라.

누구든지 좋아하는 것은 한두 가지 있게 마련이다. 현재 좋아하는 것이 있으며 그것에 깊이 집중하고 몰입해 본 경험이 있다면 그 몰입의 방향을 확장시키거나 보다 더 생산적인 방향으로 돌려 보면 어떨까? 만약 게임을 좋아한다면 이렇게 생각을 확장해 보자.

- 이 게임은 누가, 어느 회사가 어떻게 개발하게 되었을까?
- 이 게임의 스토리는 어디서 아이디어를 얻었고 이것을 개발하기 위해 어떤 기술을 사용했을까?
- 만약, 내가 다시 이 게임을 개발한다면 나는 무엇을 추가하고 뺄 것이며 어떻게 바꿀 것인가?

TV 방송이나 영화를 좋아한다면 어떤 질문을 던질 수 있을까?

- 현재 즐겨 보는 예능 프로그램이나 드라마를 변형시킨다면 스토리나 구성을 어떻게 바꿀까?
- 그 프로그램에 나오는 연예인이나 등장인물을 다른 사람으로 대체한다면? 그 이유는? 가상 캐스팅을 해 보자.

4. 강점에 관심 분야를 곱하면 직업이 나온다.

S(강점) 단계에서 알게 된 나의 강점을 T(관심사) 단계에서 나온 관심 분야에 곱해 적용해 보자. 그러면 다양한 직업이 나올 것이다.

예1) 인간친화 지능이 강점인데 관심 분야는 컴퓨터 분야라서 컴퓨터상에서 사람을 상대하는 직업이 무엇일까 살펴보니 인터넷이나 모바일을 통해 마케팅을 하는 것도 좋을 것 같아요. 또 미래에는 '사이버 평판 관리사'가 유망하다고 하더라고요. 그것도 살펴보고 있어요.

예2) 손재주도 좋고 신체운동 지능이 좋은데 관심 분야는 자연과 꽃과 식물 이에요. 그래서 플로리스트나 꽃을 활용한 파티플래너가 되고 싶어요.

예3) 공간지각 지능과 미적 감각이 뛰어난데 제가 관심 있는 분야는 가상공간, 증강현실, 홀로그램 이런 거예요. 그래서 가상공간 증강현실 홀로그램 디자이너를 해 보고 싶어요.

자신의 강점지능과 관심 분야를 곱해 적용해 보자.

Opportunity: 기회

미래의 변화에서 삶을 바꿀 기회를 찾아라

재능과 관심사를 찾은 다음에 할 일은 재능과 관심사가 일치하는 것 중에서 '미래에 유망한 것'이 무엇인지 예측해 보는 것입니다. 미래의 모습을 예상하면 미래에 내가 무엇을 해야 할지 상상하는 데 큰 도움이 됩니다. 지금의 10대가 경제 활동을 한창 시작할 시기는 2030년입니다. 지금까지는 변화의 속도가 그래도 덜 빨라서 어른들이 자신이 살아온 방식대로 진로에 대하여, 직업에 대하여 이야기해 줄 수 있었습니다. 그런데 이제는 사회 변화의 가속도가 너무 빨라서 어른들도 생소하고 낯선 기술과 사회가 펼쳐져 여러분처럼 배우면서 적응해가는 경우가 늘고 있습니다. 변화무쌍한 미래는 어른들도 아직 살아 보지 않았기 때문에 미지의 세계랍니다. 그래서 무조건 어른들 말만 들을 것이 아니라 스스로 미래 세상에 대하여 더 관심을 가져야 합니다. 오히려 순수하고 상상력이 뛰어난 청소년이 어른들보다 미래의 기회를 더 잘 찾을 수도 있습니다. 그러니 세상 돌아가는 것에 관심을 가져야 합니다.

세계 최대 인터넷 쇼핑몰 아마존의 창업자 제프 베조스는 어려서부터 우주개발을 꿈꿨다고 합니다. 현재 전 세계에서 가장 큰 성공과 놀라운 혁신을 이루어 내 영향력이 막강한 아마존을 사람들은 그저 부러워하지만 아마존은 이 수준에서 만족하지 않는다고 합니다. 인터넷 서점으로 시작해서 현재 유통 전반에서 큰 영향력을 발휘하는 아마존은 항상 자신을 확장시키고 발전시켰습니다. 언젠가는 우주에 인간이 살게 하겠다는 궁극의 목표가 있기 때문이죠. 이미 우주개발업체인 블루 오리진을 세웠고 매년 매출이 증가해 자본도 증가함에 따라 꿈을 이루기 위한 준비를 해 나가고 있다고 합니다. 하지만 이런 성공 가도를 달리는 제프 베조스(Jeffrey Preston Bezos)도 대학에 들어갈 때는 이론 물리학을 전공했다가 컴퓨터 공학에 미래가 있다고 판단해서 전공을 바꿨습니다. 이십대 초반의 그는 세상이 어떻게 돌아갈지 항상 주의하며 살폈고 자신의 성공의 기회는 미래의 변화에 있다고 생각했던 것이죠. 이렇게 미래를 살펴봄으로써 삶을 바꿀 기회, 즉 자신의 성공의 기회를 찾았던 청소년이 또 있었습니다.

1973년, 일본 사가현에 살던 16세 소년이 도쿄로 올라와 일본 맥도널드의 최고 경영자 후지타 덴(藤田田)을 찾아갔습니다. 1주일 동안 경비실에서 쫓겨나며 거절당했지만 포기하지 않고 만남을 시도한 결과 드디어 후지타 덴을 만났습니다. 미국 유학을 준비 중이던 소년은 후지타 덴에게 자신이 찾아온 이유를 말했습니다.

"저는 미국으로 건너가 공부할 생각입니다.
세계적인 CEO가 되려면 무엇을 배워야 할까요?"

후지타 덴은 소년에게 이렇게 말했습니다.

"미래는 인터넷, 노트북, 소형 컴퓨터의 시대가 될 것이
니 그것들을 잘 배우게."

소년은 미국으로 건너가 컴퓨터를 전공했고 졸업 후 일본으로
돌아와 회사를 설립했습니다. 이 회사가 바로 소프트뱅크이며 후
지타 덴을 만나려고 1주일을 기다렸던 소년은 일본에서 현재 재산
이 가장 많은 일본의 빌 게이츠라 불리는 젊은 날의 손정의입니다.
후지타 덴은 이렇게 회고했습니다.

"16세의 소년이 일주일간 계속 나를 찾아왔다. 모르는 소
년이었지만 매일 찾아오므로 15분 동안만 만났다. 그가
바로 지금의 손정의 회장이다. 그는 미국에 가서 무엇을 공부
하면 좋을까 물었다."

손정의는 일본으로 돌아와 후지타 덴을 저녁식사에 초대했고 초
대받은 후지타 덴은 오래전 자신을 찾아왔던 고등학생이 바로 눈

앞에 있는 손정의였다는 사실에 감격해서 컴퓨터 300대를 그 자리에서 주문했으며 이후에도 정신적인 멘토로서 후원을 아끼지 않았다고 합니다.

제프 베조스와 손정의는 어리지만 미래를 내다보고 싶었고 미래에 자신이 어떤 것을 배우고 익혀야 경쟁력이 있을지 그것을 알고 준비하고 싶었습니다. 자신의 꿈은 과거가 아닌 미래사회와 연관이 있다고 생각해서 자기보다 멀리 더 내다보는 사람을 찾아갔던 것이죠. 이처럼 진로지능과 미래에 대한 관심을 동시에 갖춘 청소년은 훗날 어떤 큰 인물이 될지 모릅니다. 막연히 하고 싶다는 바람을 넘어서서 구체적인 목표와 계획을 세우고 여기에 지치지 않는 열정과 끈기를 더했더니 정말 큰 인물이 되었습니다.

직업을 변화시킬 '세상 변화' 예측하기

시대에 따라 직업은 변합니다. 그래서 진로를 잘 찾기 위해서는 나만 아는 것이 아니라 세상 돌아가는 것을 잘 알아야 합니다. 다음은 미래의 직업 변화를 만들어낼 '세상의 변화 원리'입니다. 다음 미래사회의 변화를 보고 나는 어떤 분야에서 기회를 찾을지 생각해 봅시다.

인구구조의 변화: 젊고 건강하게 오래 살고 싶어요

　현재 지구상에는 76억 명의 인구가 있는데 2050년에는 약 98억 명으로 늘어날 것이다. 특히 아프리카와 아시아와 라틴아메리카의 인구 증가가 활발하다. 하지만 슬프게도 우리나라는 저출산·고령화 문제가 정말 심각해 2026년에는 65세 이상 인구가 20%가 넘는 초고령 사회로 진입한다. 고령인구뿐 아니라 최근 우리사회에서 급속도로 늘고 있는 1인 가구는 새로운 직업들을 속속 탄생시킬 것이다. 일본의 경우 노인만을 위한 택시 산업이 발달되고 추억여행을 기획하는 여행 전문가가 많이 생겨났으며, 미국에선 노년층의 이사만을 전담하는 분야에 종사하기도 한다. 혼자 사는 1인 가구들을 위한 다양한 서비스와 직업들도 많이 등장할 것이다. 하지만 저출산은 교사, 교수라는 직업에게는 일자리 감소라는 위기로 다가오고 있다.

〈인구구조의 변화에 따른 직업세계의 변화〉

- 보건·사회복지 분야의 일자리가 증가

　고령 인구가 늘어나면 사회 돌봄 서비스가 많이 필요하고 고령 인구에 대한 보건 의료 및 복지 서비스 제공에 관련된 일자리가 늘어날 것이다. 기존의 간병인 같은 돌봄 서비스 직업을 넘어 새로운 소비 세대로서의 이들이 인생을 즐길 수 있도록 다양한 서비스를 제공해 주는 직업이 등장할 것이다.

- 최첨단 생명공학과 헬스케어, 뇌과학, 의료 응용 분야 유망

　평균 수명이 100세 이상 되는 시대 속에서 사람들은 모두 건강하고 젊고 활기차게 오래 살고 싶지, 늙고 병들고 가난한 상태로 오래 살고 싶지는 않다. 그래서 바이오-헬스케어 산업, 미용 산업, 신약 개발 등의 분야는 유망하다. 현재, 유전자 편집(CRISPR, 크리스퍼) 기술의 발달로 이게 점점 현실이 되고 있다. 규제가 적은 중국에서는 연고를 바르면 유전자를 편집할 수 있을 정도로 쉽게 유전자 편집을 하는 지경에까지 이르렀다고 한다. 미국에서는 이미 유전자 편집 기술로 창업한 기업들이 많다. 앞으로 마이크로소프트, 페이스북 같은 세계적인 거대 기업은 바로 이 '바이오 헬스케어' 분야에서 생길 확률이 거의 100%라고 한다.

- 1인 가구의 서비스 산업 증가

　1인 가구도 쾌적하고 행복한 삶을 꾸려나갈 수 있도록 이들을 위한 주택, 식품, 인테리어, 여행, 역할 대행 서비스 직업이 증가하고 있다.

- 평생교육 필요성 증가

　수명이 연장되고 평생직장의 개념까지 사라져 이제 학교 졸업 후에도 계속 배워야 하기에 성인을 위한 커리어 교육과 새로운 기술을 습득할 수 있는 재교육 서비스가 많이 필요하다.

2 글로벌 경제: 이제 다문화 사회의 세계시민의식이 필요해요

　이제 사람과 물건과 정보는 국경을 넘어서서 서로 촘촘하게 연결되어 실시간으로 교류하고 반응하고 있다. 그래서 국경을 넘어선 자본이 다른 나라로 이동되는 현상이 더욱 빠르게 확대되고 있으나 글로벌 금융제도는 불완전하다. 부자와 가난한 사람들의 차이는 갈수록 커지고 있다. 역시 부자 국가와 가난한 국가의 차이 또한 크다. 그리고 동시에 새로운 강대국들이 나타나고 있다. 중국, 인도 등이 신흥 강대국으로 떠오르면서 세계 경제가 재구성된다. IMF(국제통화기금)는 2030년에는 아시아의 경제 비중이 선진국 7개 국가(G7: 미국, 일본, 영국, 프랑스, 독일, 이탈리아, 캐나다)를 넘어설 것으로 예상하고 있다. 그래서 영어만이 아니라 중국어나 스페인어 또는 중동의 언어와 문화를 배워 희소성 넘치는 전문가가 되어도 좋을 것이다.

〈글로벌 경제에 따른 직업세계의 변화〉

- 한국은 좁다. 세계를 무대로

　다국적 기업은 이미 넘쳐나고 일터에 다양한 국적을 가진 사람들이 함께 일하는 모습은 점점 일상이 될 것이다. 이민과 해외근무가 증가할 것인데 '대한민국만이 아니라 외국에서 일자리를 찾을 수 있다'라는 마인드를 가지고 도전해 보는 것도 좋다.

- 세계 시민의식은 필수

　다양한 국적을 가진 사람들이 함께 일하는 문화가 이루어질 것이기에 일터에서 개인의 출신과 국적은 더 이상 차별과 문제가 되지 않는다. 그러니 세계시장에서 일할 경쟁력과 세계시민의식을 갖춘 사람이 필요하다.

3 건강과 친환경 사회: 쾌적한 곳에서 건강한 먹거리를 즐기고 싶어요

급격한 기후변화와 자연재해가 갈수록 증가하고 있다. 특히 전 세계적으로 지구 온난화 현상이 유독 심한데 물이 적은 지역, 농업 지역은 물 부족 문제가 정말 심각하다. 사막과 열대지방에도 눈이 내리는 등 기상이변의 발생이 심해지고 지진과 화산폭발의 자연재해도 갈수록 증가하고 있다. 일상에서는 환경오염 문제가 심각하다. 각종 화학물질로 인한 수질오염과 플라스틱으로 넘쳐나는 해양오염도 심각하지만 요즘은 미세먼지와 대기 오염이 갈수록 심각해 이와 관련한 공기청정기, 마스크 등의 제품 수요가 늘고 있다. 지구 온난화로 인한 식량 문제도 심각한데, 2030년에는 곡물을 포함한 식량 가격이 현재보다 2배 이상 오를 것으로 예상된다.

〈건강과 친환경사회에 따른 직업세계 변화〉

- 새로운 대체 에너지의 필요

　전기를 필요로 하는 시설과 도구들은 갈수록 늘어나며, 중국, 인도 등 개발도상국은 에너지를 대량으로 필요로 하고 있다. 그래서 에너지 가격은 갈수록 상승할 것이다. 또 화석연료는 점점 고갈되고 원자력은 위험하기에 기존의 에너지를 대신할 새로운 에너지 개발이 빠르게 일어나고 있다. 역시 새로운 대체 에너지를 개발하는 회사와 인력도 많이 필요하기에 이 분야는 유망하다.

- 친환경 녹색산업 발달

　다양한 자원을 환경 친화적인 방식으로 활용하는 녹색기술과 친환경제품을 기반으로 한 '녹색산업'이 발전할 것이다. 또 녹색일자리도 대세가 될 것인데 녹색일자리는 자연을 보존하고 훼손된 자연을 복구하는 데 기여하는 서비스 및 농업, 제조 연구개발에 종사하는 직업이다.

- 안전을 담당하는 인력 필요

　재난재해를 예방하고 관리하며 사고 발생 후 도와주는 분야도 떠오르고 있다.

- 안전한 먹거리를 원하는 사람의 증가

환경파괴와 유전자변형, 환경호르몬과 각종 농약과 살충제 등의 화학적인 것에 식재료가 많이 노출되어 사람들은 비싸도 점점 안전한 먹거리를 찾고 있다. 특히 부자들은 돈이 많이 들더라도 이런 먹거리를 찾기에 유기농 및 건강한 먹거리 산업은 고부가 가치 산업이 될 것이다.

과학기술의 발전: 인공지능과 로봇을 잘 다루어야 해요

　기존의 생활방식을 근본적으로 바꿀 새로운 기술이 등장했다. 바로 '4차 산업혁명'이다. 2016년 세계경제포럼에서 '4차 산업혁명은 모든 것이 연결되고 보다 지능적인 사회로의 변화'라고 설명하면서 '디지털 물리적 생물학적 영역간의 경계가 허물어지고 기술이 융합되는 것'이라고 했다.

　잘 이해가 가지 않고 어려울 텐데 '3D 프린팅'을 예로 들어보자. 현재 3차원 프린터는 순식간에 자동차와 음식까지 만들어낸다. 그런데 주목할 것은 '단순히 프린터가 이것저것 만들어 내서 멋지다'가 아니고 이 프린터를 통해 공학, 의학, 건축, 교육 등 다양한 분야가 연결되어 결과물을 만들어내기에 쉽다는 것이다.

　의료 분야에서는 인공장기를 만들 수 있고 다리가 절단된 환자에게는 의족을 만들어줄 수 있다. 건축에서는 벽돌과 모듈형 주택을 만든다. 그리고 요리사가 되어 근사한 요리까지 만든다. 이것이 융합이며 4차 산업혁명의 핵심이다. 그리고 무엇보다 획기적인 것은 어느 누구나 메이커(maker)가 되어 아이디어만 있으면 무엇이든 만들 수 있다는 것이다. 이외에 세상을 바꾸는 획기적인 기술은 다음과 같다.

〈4차 산업혁명과 인류의 삶을 변화시키는 획기적인 기술〉

- 무엇이든 연결하는 사물인터넷으로 알려진 IoT(Internet of Things)
- 구름 속에 데이터를 저장하는 클라우드(Cloud)
- 모든 현실세계의 정보를 온라인상의 데이터로 만들어 자원화해 주는 빅데이터(Big Data)
- 세상을 선 없이 연결해 주는 무선혁명의 모바일(Mobile)
- 기계가 사람보다 더 똑똑해지는 인공지능(AI)
- 실제와 유사한 환경을 만들어 사용자가 마치 현실로 느끼도록 만드는 가상현실과 증강현실을 구현해 주는 VR(Virtual Reality)과 AR(Augmented Reality)
- 안전, 에너지, 교통, 오염 문제를 스스로 예측·해결하는 스마트 도시
- 금융산업을 포함한 서비스 전반에 고도의 안정성과 신뢰성을 제공하는 블록체인기술
- 스마트 임플란트 생체공학 연구들 신체 일부로 진화한 체내 삽입형 기기
- 개인별 유전자 특성을 분석하여 맞춤형 질병 치료를 할 수 있는 유전체 분석
- 사고 없이 안전하게 운행하는 무인버스 택시, 사람 없이 물류를 이동시키는 자율주행자동차
- 의류 일체형 웨어러블 기술을 통해 몸 상태를 24시간 관찰하는 기기

2030년에는 국내 인공지능 시장규모가 27조 5,000억 원에 달할

것이라고 예측한다. 직종도 경비, 보안 분야부터 헬스 케어, 통번역, 교육, 간호까지 곳곳으로 확산될 것이라고 한다. 그래서 유망 직종은 크게 다음과 같이 세 분류로 나뉠 것이다.

첫째는 로봇과 인공지능을 개발하는 사람,
둘째는 로봇과 인공지능에 의해 작업 지시를 받는 사람,
셋째는 로봇과 인공지능에 그 작업을 지시하는 사람.

그래서 인공지능보다 높은 통찰력과 창의성을 가져야 한다. 기존에 배운 지식으로 단순히 주어진 일과 문제를 해결하는 수준이 아니라 스스로 해결해야 할 문제를 발견하며 그 문제를 해결할 수 있는 창의적인 과정과 방법을 구체적으로 설계하는 사람을 필요로 한다. 배운 대로 문제를 해결하는 것은 이미 기존의 지식과 데이터가 입력되어진 인공지능이 훨씬 더 잘하기 때문이다.

5 가치관의 변화: 한 번 사는 인생 즐겁게 살고 싶어요

'가치관의 변화'야말로 직업 세계를 변화시키는 큰 기준이 된다. 과거에는 무조건 야근하면서 일을 열심히 하여 성공하는 삶만이 우월하다고 생각했지만 이제는 일과 가족 그리고 삶의 균형을 맞추는 것이 중요한 시대가 되었다. 좋은 대학에 들어가고 평생직장을 찾고 결혼하고 아이를 낳는 것이 예전에는 '당연'했지만 이제는 이러한 것들이 '선택사항'이 되면서 한 번뿐인 인생을 나만의 방식으로 행복하게 즐기자는 라이프스타일이 늘어나고 있다. 또 하나의 가족으로 인식되는 반려동물산업의 성장, 인스타그램과 페이스북과 같은 SNS와 유튜브, 아프리카TV 등의 '내가 세상의 주인공'이 될 수 있는 소셜미디어의 급속한 증가 역시 이전과는 다른 삶의 가치관을 반영하는 것이다.

〈가치관의 변화에 따른 직업세계의 변화〉

- 즐길 거리가 넘치는 즐거운 세상을 찾는다

　　인생을 즐길 수 있는 남다른 서비스를 제공해 주는 산업과 직업 역시 새롭게 나타날 것이다. 그래서 우리 삶을 보다 풍요롭고 다채롭게 즐길 수 있는 산업과 직업이 증가할 것이다. 관광산업, 여가산업, 음악과 영화와 방송 연예 산업과 콘텐츠 분야 그리고 1인 미디어 분야도 유망하고 다양한 직업이 나오는 중이다.

- 정신적인 만족을 찾고 싶은 사람들이 증가한다

　　이제는 대규모 집단 주입식 교육이 아닌 소규모 그룹형 수업과 서비스가 증가할 것이다. 또 개인상담과 코칭, 컨설팅 등 밀도 있는 1:1 만남을 통해 정신적인 유익과 답을 얻고자 하는 사람들이 증가할 것이다.

모두에게 유망한 직업은 없다

강의를 하다가 '빅데이터 전문가'가 꿈인 학생을 만났습니다. "빅데이터 전문가가 되고 싶은데 어떻게 해야 할까요?"라고 묻기에 왜되고 싶은지 물어봤더니 머뭇거리며 그저 유망직업이기 때문이라는 대답만 합니다. 또 어떤 사람은 전공은 경영학과이고 언어 지능과 인간친화 지능이 높은데 무조건 '드론기술자' 양성 과정을 국비 지원으로 듣고 자격증을 따겠다고 합니다. 유망하다는 이유입니다. 유망직종이라고 미디어에 나오면 그 분야는 이미 피 튀기는 전쟁이 시작되었답니다. 아무리 유망직종이어도 나한테 맞아야 합니다. 내가 잘하거나 좋아하지 않으면 아무리 엄청난 유망한 직업이라도 나랑 상관이 없습니다. 자기성찰 과정과 미래를 보는 눈이 조화를 이룰 때 진로의식도 더 효율적이고 합리적으로 발전시킬 수 있습니다.

진로 고민을 하는 고1 여학생을 만났습니다. 이 학생은 객관적인 검사와 주관적인 자기성찰 끝에 자신이 '디자인' 일을 하고 싶어한다는 것을 발견했습니다. 처음에는 꿈이 건축디자이너였습니다. 그런데 인테리어 디자이너가 맞을 것 같다고 그 일도 하고 싶다고 했습니다. 저는 앞으로 기술이 어떻게 펼쳐지고 특히 건축업계에 3D 프린터가 어떤 영향을 미칠지, 미래도시와 주거환경은 어떨지 찾아보고 함께 이야기했습니다. 그리고 일단은 어떤 구체적인 분야의 디자이너가 아니라 동사형 '디자인하다'에 주목하여 꿈을 설계해 나가자고 코칭했습니다. 그러면서 저는 미래에 '가상공간 디자이너'가 유망하다고 말해 줬습니다. 나중에 학생 스스로 조사하더니 가상공간 디자이너도 관심이 간다면서 나중에 배워 보고 싶다고 했습니다. 여기서 끝이 아닙니다. 고등학교 입학을 앞두고 있었기에 학생과 구체적으로 대학과 공부에 대하여 이야기 나눴습니다. 진로와 진학은 이처럼 구체적이고 실제적이고 다면적입니다. 여러분은 아직 자라는 중이기에 아직 어떤 분야의 전문가가 될지 모르는 탐험의 시간을 보내고 있습니다. 어떤 지식을 채워 나가야 할지 고민되는 것도 당연합니다. 이 고민의 시기에 할 수 있는 좋은 방법 중 하나가 '나만의 세상 보기'를 꾸준히 연습하는 것입니다. 이런 연습이 습관이 되면 2030년 유망기술 분야의 직업을 가지게 될 경우 자신만의 색깔까지 넣을 수 있습니다. 이것이 개성이 되고 독창성이 되는 것입니다.

미래인재가 되려면 어떤 자질이 필요할까?

직업은 사회를 반영하는 만큼 사람들이 필요로 하는 것에 따라서 일자리가 생기기 마련입니다. 즉, 쉽게 말해 시대가 변하면 돈 버는 방식이 바뀌고 사회가 필요로 하는 인재도 많이 달라집니다. 과거에는 근면 성실한 인재를 원했지만 이제는 창의적인 인재를 원하는 것처럼 말이죠.

지금 '대세 스펙'인 영어 토익 점수는 어떻게 될까요? 전 세계가 빠르게 하나가 되면서 언어장벽은 사라지기 때문에 외국어는 이제 모두가 다 하는 것으로 특별한 경쟁력이 아닙니다. 인공지능 기술을 활용한 동시통역 기구가 나와서 스펙이나 시험을 위한 외국어 공부는 거의 사라질 것으로 보입니다. 그렇다면 지식과 기술은 어떨까요? 자고 일어나면 새로운 지식과 기술이 나와서 기존에 배운 지식과 기술은 쓸모없어지고 있습니다. 공대에 입학한 학생이 1학년 때 배운 지식 대부분은 졸업도 하기 전인 4학년이 되면 이미 낡은 지식이 되어 쓸모가 없어진다고 하는데요. 이제는 굳이 외우지 않아도 언제 어디서든 검색하고 활용할 수 있습니다. 그래서 언어 소통보다는 의사소통이 중요하고 지식보다는 넘쳐나는 많은 지식 속에서 알짜배기 정보와 지식을 잘 추려낼 수 있는 통찰력과 안목 그리고 그 지식을 활용하는 지혜가 필요합니다. 또 암기력보다는 이해력이, 정해진 매뉴얼보다는 문제 해결력과 창의력이 훨씬 중요한 경쟁력이 될 것입니다.

『유엔미래보고서 2050』은 미래의 교육에 대해 "시험은 사라지지만 교육은 평생 동안 계속되며, 국·영·수로 대표되는 전통 수업 과정 대신 **소통, 창의성, 분석력, 협업**을 배운다"라고 말합니다. 마이크로소프트는 **글로벌 의식과 협업, 지식구성, 커뮤니케이션, 문제해결과 창의성, 자기조절과 책임감**이 미래 인재에게 필요한 역량이라고 합니다. 수시 전형 중에 대세인 학생부종합전형은 어떤 기준으로 뽑나요? 바로 학업 역량, 전공 적합성, 발전 가능성, 인성을 살펴서 학생을 선발합니다. 각각이 표현하는 용어들은 다르지만 다들 비슷한 인재를 선호합니다.

그래서 기계와 경쟁하는 공부를 하지 말고 기계를 활용하는 자가 될 수 있도록 공부해야 합니다. 지금까지는 옆에 있는 친구가 경쟁 상대였습니다. 그래서 경쟁 상대인 친구보다 잘하는 것 그리고 안정되게 사는 것이 직업이 되었다면 앞으로는 고민을 바꿔야합니다.

'24시간 일하고 공부하는 인공지능보다 잘하는 것이 무엇일까? 그리고 어떻게 하면 인공지능을 잘 활용해 나의 잠재력과 행복을 극대화할 것인가?'

이런 고민을 하며 학교생활을 한다면 어떤 세상이 펼쳐지든 감당할 수 있을 것입니다.

우리는 앞에서 왜 미래의 변화로부터 내 삶의 기회를 찾아야 하는지, 세상이 어떻게 변하고 어떤 인재가 필요한지에 대해 나누었다. 그런데 미래 사회의 굵직한 변화가 어떻게 내 진로에 적용될지, 그리고 어떻게 나의 진로를 찾을지는 아직도 막연하다. 그래서 그 방법을 나눠 보려고 한다.

우리나라 초중고 학생들이 가장 선호하는 희망직업 선호도 조사에서 '교사'는 11년째 인기 1위이다. 그렇다면 교사의 미래는 어떻게 될까? 교사라는 직업을 미래 직업 변화에 대입하여 생각해 보자.

1. 교사라는 직업을 미래 직업 변화 5개의 원리에 대입하면 어떤 기회가 열릴까?

1번 〈인구구조의 변화〉
2번 〈글로벌 경제〉
3번 〈건강과 친환경 사회〉
4번 〈과학기술의 발전〉
5번 〈가치관의 변화〉

미래 사회 변화 예측	나의 기회
1번 〈인구구조의 변화〉 4번 〈과학기술의 발전〉 5번 〈가치관의 변화〉	- 초등학생, 청소년 말고도 성인을 대상으로 하는 교육을 하는 전문가가 될 수 있다. - 게임을 활용하거나 가상공간기술 활용해 즐거운 교육 콘텐츠를 제작한다. - 대규모 일방적인 주입식 교육보다 1:1 코칭, 상담, 컨설팅 등이 증가할 것이다.

1번 〈인구구조의 변화〉를 적용해 보면 어떨까? 지금까지는 유아와 초중고 학생을 상대로 한 교육 시장이 대부분이었다면 이제는 저출산으로 인해 기존의 교육 시장은 줄어들 것이며, 고령화로 인해 평생교육 시장이 활성화될 것이다. 또 한 사람이 가지는 직업 개수가 늘어나고 이직이 활성화되는 만큼 성인 재교육을 위한 시장이 더욱 늘어날 것이다. 그래서 무조건 교대, 사범대를 나온 초등학교 교사, 중고등학교 교사만 생각할 것이 아니라 평생교육사, 직업상담사, 커리어 코치, 상담가 등도 생각하면 좋을 것이다.

4번 〈과학기술의 발전〉을 적용해 보면 어떨까? 일본과 뉴질랜드의 학교에서는 인공지능 로봇 교사를 통해 학습을 하는 학생들이 있다는 신문기사를 본 적이 있다. 이제 인공지능 교사는 수준이 다른 학생들에게 1:1로 맞춤형 지식을 전할 것이다. 또 학생은 마치 자신만의 과외 선생님과 수업하듯이 이해가 될 때까지 반복적으로 질문하며 복습하고 훈련할 수 있을 것이다. 요즘도 지식은 인터넷을 통해 언제 어디서든 편하게 찾고 구할 수 있다. 지금도 인터넷으로 세계적인 석학의 강의는 언제든지 마음만 먹으면 무료로 들을 수 있다. 이미 학교 선생님의 강의보다 동영상 강사의 강의가 더 귀에 잘 들어와 도움을 많이 받는 학생도 많은 것이 현실이다. 이렇게 되면 지식은 인공지능과 인터넷을 통해서 얻는 게 더 많아질 것이다. 이제 교사는 '사람'이 더 잘

할 수 있는 것, 코칭과 멘토링 상담 같은 동기부여와 영감과 힘을 주는 일에 더 많은 시간과 노력을 집중할 수 있을 것이다. 그러니 앞으로 교사에게 더 필요한 자질은 대인관계 능력과 인간친화 지능인 것이다.

교육의 미래를 변화시키는 또 다른 기술은 가상현실(VR)이다. 이제 지루한 교육은 점점 사라져 가고 있다. 교육에 각종 게임과 프로그램을 도입해 즐겁게 공부할 수 있도록 변하고 있다. 이제 학생들은 VR 기기를 통해 즐겁게 학습을 할 수 있을 것이다. 예를 들어 역사시간에 '중세시대'를 배운다면 VR 안경을 착용하여 중세시대를 생생하게 체험하는 것이다. 지긋지긋하게 암기하는 것이 아니라 영화 보듯 아니 영화보다 더 생생하게 공부할 수 있을 것이다. 또 세계 미술관을 견학할 수 있고, 수학과 과학도 억지로 개념을 암기하는 것이 아니라 그 원리를 입체적으로 생생하게 보고 즐겁게 이해할 수 있을 것이다. 그래서 꼭 교사가 되는 게 목표가 아니고 교육을 직업으로 삼고 싶다면 전공을 교육공학이나 교육 콘텐츠 개발까지 확장할 수 있을 것이다. 나만의 멋진 교육 콘텐츠를 만들어 더 높은 수익을 얻을 수도 있고 학생들에게도 즐겁게 공부할 수 있는 다양한 기회를 줄 수 있는 것이다.

5번 〈가치관의 변화〉를 적용해 보면 어떨까? 무엇보다 고정관념을 깨야 한다. 교대, 사범대 못 들어가면 '가르치는 일'은 절대 못할 것이라고, 실패자라고 생각하는 학생들이 많다. 자신이 남을 가르치는 직업을 진짜 가슴 떨리도록 간절히 원한다면 교대나 사범대가 아니어도 다양한 길이 있다. 자신만의 지식이나 콘텐츠를 전달하는 강사가 되어도 좋다. 어학, 인문학, 자기계발, 역사 등 요즘 다양한 분야의 강사들이 많다. 필자 또한 나만의 프로그램과 콘텐츠를 개발해 강의하는 강사로서 삶을 살고 있다. 처음에는 막막하고 두렵기도 했지만 이제는 비교적 안정되고 뿌듯한 삶을 살고 있다.

2. 의사라는 직업을 미래 직업 변화 5개의 원리에 대입하면
어떤 기회가 열릴까?

미래 사회 변화 예측	나의 기회

1번 <인구구조의 변화>
3번 <건강과 친환경 사회>
4번 <과학기술의 발전>
5번 <가치관의 변화>
	- 노인 전문 주치의, 노인 플래너
	- 기능성 식품 처방 전문가,
	  대체의학 예방의학 전문가
	- 의료 공학자, 인공장기 전문가,
	  원격의료 전문가
	- 가정 방문 의료 서비스 전문가

3. 본인의 진로(직업)를 미래 직업 변화 5개의 원리에 대입
하면 어떤 기회가 열릴까? 여러분의 '기회'를 적어 보자.

미래 사회 변화 예측	나의 기회

Reality&Road map:
현실 파악과 로드맵

진로를 완성하는 것은 현재의 삶이다

우리는 앞에서 강점과 흥미를 알고 기회를 만들기 위해 미래사
회에 대하여 살펴야 한다는 것을 알았습니다. 그다음은 무슨 단계
일까요? 바로 나의 현재 위치와 현실을 점검하고 전략과 계획을 세
우는 것입니다. 많은 학생들이 진로를 찾고 성공하려면 무슨 특별
한 능력과 금수저 같은 배경이 필수라고 생각을 합니다. 진로 코칭
을 할 때 대부분의 학생들은 정말 행복해하고 만족합니다. 시대
가 어려워 꿈꾸는 사람이 사라졌다 하지만 아무리 그래도 사람들
은 1:1로 오롯이 자신에게 관심을 기울여 주고 자신의 꿈, 행복, 의
미 있는 인생을 이야기할 때 굉장히 가슴 벅찬 울림을 느끼기 때문
입니다. 진짜 꿈을 찾는 과정은 그야말로 행복과 기쁨 그 자체랍니
다. 그런데 진로 코칭을 할 때마다 우려되는 게 있습니다. 진로탐
색이 실제 삶인 학교생활과 성적 그리고 진학과 너무 동떨어져 겉
돌 때입니다. 진로 코칭이 큰 자극과 동기부여로 열정에 불은 붙여
줬지만 매일매일의 학교생활에 더 큰 에너지를 주는 단계까지는 이

르지 못했던 것이죠. 진로를 찾는 과정은 지긋지긋한 학교생활에 대한 현실도피가 아니랍니다. 추상적이고 뜬구름 잡는 것은 더욱 아닙니다. 학생들은 진로를 찾길 바라며 그것에 대하여 이야기하고 활동하는 순간의 '뜨거움'과 '가슴 떨림'은 좋아하지만 실제로 그 대가를 잘 지불하지는 않습니다. 이건 대학생과 성인을 상담할 때도 마찬가지입니다. 뿌려야 거두는데 뿌리는 것조차 하지 않습니다. 당장의 주어진 현실에서 노력을 피하고 장밋빛 미래만을 꿈꾸는 것은 비겁한 현실도피이고 과대망상입니다. 제대로 된 진짜 진로 코칭은 현재의 학교생활에서 의미를 찾게 하고 열정이 생기게 합니다. 진로는 공부의 목적이고 진학의 목표입니다. 이 목적과 목표는 현실을 넘지 않고는 결코 이뤄질 수 없답니다. 이처럼 진로는 굉장히 실질적이고 구체적입니다.

Gap을 알아야 Gem을 얻는다

제대로 된 방향을 설정했다면 이제 전략이 필요합니다. 그 전략은 바로 진학을 위한 교과 목표와 비교과 목표를 세우는 것입니다. 먼저 자신이 원하는 학과와 학교의 진학을 위한 객관적인 수준을 확인하고 자신의 현재 수준을 비교해 봅시다. 그 격차를 줄이기 위해 구체적인 성적과 활동의 목표를 세우는 게 바로 최적의 전략이랍니다. 학생들 중에는 꿈을 찾았을 때는 하늘을 날 것처럼 기뻐하다가도 입시와 성적 이야기만 나오면 다시 풀이 죽고 위축되는 경우가 정말 많습니다. 보석은 원석 상태에서는 아직은 가치가 없습니다. 그 원석이 아름다운 보석이 되기까지는 갈고닦아야 한답니다. '나'라는 원석도 그렇습니다. '보석'이 되기까지 많은 격차가 있습니다. 이 격차는 여러 단계를 거친답니다. 단계를 생략하면 빛나고 아름다운 보석이 될 수 없습니다. 아직은 원석이기에 그 격차를 줄이기 위해 때로는 아프고 수고스럽지만 단계별로 노력을 해야 합니다. '내가 바라는 나'와 '현재의 나'의 Gap(격차)을 줄여야 Gem(보석)을 얻을 수 있습니다.

⚞ 의사가 꿈인 고등학교 2학년 K학생의 현재 상황 ⚟

1. 1학년 교과 성적: 내신 5등급

2. 수능 모의고사 성적: 전체 4등급 정도

3. 1학년 비교과 활동
   - 자율 활동: 체육대회와 교내 금연 캠페인 참여
   - 동아리 활동: 사물놀이 동아리
   - 봉사 활동: 교내 봉사활동만 있고 교외 봉사활동은 하나도 없음
   - 진로 활동: 의사로 활동 중인 졸업생 선배의 강연 청강
   - 교내 수상: '나의 꿈 그리기 대회' 장려상

이 학생은 의사가 왜 되고 싶은지 본인 스스로도 막연했습니다. 처음에는 그냥 하고 싶다고 하더니 더 자세히 물어보니 그저 돈을 많이 번다는 이유로 의사가 되고 싶다고 했습니다. 이 학생의 가장 큰 문제는 자신의 진로에 대한 '진정성'이 없다는 것이었습니다. 그리고 무엇보다 바라는 이상과 현실의 차이가 정말 컸습니다. 내신이 1학년 때부터 2등급 밑이면 현실적으로 의대에 수시로 들어가기 힘듭니다. 못해도 거의 2등급 안에 들어가야 합니다. 그렇다고 1학년 때부터 의사의 꿈을 이루기 위해 전공 적합성을 증명할 수 있는 동아리 활동을 제대로 한 것도 아니었고 교내 수상 이력도 거의 없었습니다. 의사라는 꿈, 의대의 꿈을 가진 학생의 내신 성적이라고는 결코 볼 수 없었고, 활동 또한 전혀 '열정'이 묻어나지 않

았습니다. 정말 의사라는 꿈이 학생이 바라는 것인지 확인할 필요가 있었습니다. 이런 경우는 본인이 진실하게 자기 스스로에게 물으며 자기 성찰을 진지하게 하고 진로를 점검해야 합니다. 1학년 성적과 비교과 활동 내역만 보면 수시로 의대에 합격할 가능성은 거의 없어 보였습니다. 그렇다면 정시 전형인 수능으로 도전을 해야 하는데 정시로 의대에 진학하려면 등급으로 1등급만 되면 되는 게 아니라 수능 점수가 백분위 97% 안에는 들어야 합니다. 실제로 입시에서 정시는 재수생이 강세이고 선발 인원이 수시에 비하여 인원이 적습니다. 그리고 의대는 아무리 지방 의대여도 서울 및 전국의 공부 잘하는 학생들이 가장 선호하는 전공이라 서울이든 지방이든 모든 의대는 경쟁이 무척 치열합니다. 그 지역의 학생만 지원할 수 있어서 그나마 유리한 '지역인재전형'을 시도할까도 생각했지만 '지역인재전형' 또한 만만하지 않습니다. 이 혜택을 누리기 위해 그 지역의 공부 잘하는 학생들은 모두 지역인재전형을 쓰기 때문에 역시 경쟁이 치열합니다. 그렇다면 이 학생은 어떻게 해야 할까요?

≥ K 학생에게 제시할 수 있는 해결책 ≤

1. 먼저 다시 한 번 의사가 진짜 나의 꿈인지 진정성 있게 검토한다.
2. 자기 성찰 후에 그래도 정말 의료, 보건 분야에서 일하고 싶다면 이상과 현실의 격차를 줄이는 방법을 생각한다.

≥ K 학생이 이상과 현실의 격차(Gap)를 줄이는 방법 ≤

첫 번째, 입학하고픈 전공 학과를 바꾼다.
의대가 아닌 생명공학이나 생명과학, 화학 관련 학과 아니면 간호학과나 물리치료학과 등에 진학한다. 미래 유망 분야인 바이오 헬스 케어 분야를 진로로 삼는다.
두 번째, 그래도 고등학교 때 의대에 도전하고 싶다면 내신을 2등급 안까지 맞추고, 2학년 때 학생부 종합 전형 성공을 위해서 '동아리 활동+교내 수상+봉사 활동+독서활동'의 스펙을 동시에 쌓는다. 의대는 수시 전형이어도 내신 성적과 수능 최저를 맞춰야 한다. 수시와 정시 동시에 모두 준비한다고 생각하면 된다.
세 번째, 사물놀이 동아리인데 2학년 때 과학탐구 특히 생명과학이나 화학에 관한 동아리로 바꾸거나, 1개 더 가입해서 전공 적합성과 학업 역량을 보완해야 한다.
네 번째, 학업역량, 전공적합성, 발전가능성을 증명하기 위해서 과학 관련 대회가 가장 좋으나 봉사와 관련된 내회나 인문학적인 도론 논술 대회도 괜찮으므로 대회에서 수상 경력을 쌓는다.
다섯 번째, 이타성과 사람을 섬기는 인성 역량이 드러나는 외부 봉사활동이 규칙적으로 확보되어야 하고 시간의 누적만이 아닌 어떤 역할과 활동을 하고 성장했는지 잘 적힐 수 있도록 한다.
여섯 번째, 성실한 수업 참여를 통해 교과 선생님으로부터 적극적인 수업 태도에 대한 언급을 끌어내는 것이 필요하며 교과 성적 향상과 연계해 학생의 인성과 전공 적합성 등을 높인다.

목표는 스마트하게 세워야 한다

세계적인 피겨스케이팅 선수인 김연아도 일곱 살 때 스케이트를 시작했지만 큰 대회는 연습을 거쳐 수년 후에 나갔습니다. 김연아 선수는 주니어 대회와 여러 국제 대회에 나가기 위해 대회를 어떻게 치를지 로드맵을 그렸습니다. 연습을 하는 건 물론이었습니다. 그리고 그 로드맵의 최종 목적지는 10년 후 있을 올림픽이었습니다. 이처럼 로드맵이 없는 상황에서 그냥 아무 생각 없이 성실하게 공부만 한 학생은 앞으로 대학입시에서 자신의 무기를 사용할 '기회'가 적어집니다.

막연한 진로는 눈에 보이는 선명한 '목표'가 되어야 현실에서 잡을 수 있습니다. 양궁 선수들이 활을 쏘는 모습을 본 적 있나요? 과녁이 정말 선명합니다. 비록 엄청나게 작아도 그 목표가 뚜렷하고 선명하기에 활을 겨눌 수 있는 것이죠. 그렇다면 목표는 어떻게 세워야 할까요? 바로 스마트하게 세워야 합니다. 'S·M·A·R·T'는 많은 사람들이 쓰고 있는 목표 설정 방법입니다. 'S·M·A·R·T'는 Specific(구체적인), Measurable(측정 가능한), Achievable(달성 가능한), Realistic(현실 가능한), Relevant(연관된), Time-Limited(시간 안에)의 각 앞 글자를 따서 만든 용어입니다. 쉽게 설명하면 '과학자가 되겠다'보다는 '생명공학자가 되어 치매 예방 물질을 만들고 싶다'로 하면 목표가 보다 더 스마트해지는 것이죠. 또 '운동을 열심히 하겠다'보다는 '줄넘기를 하루에 30분씩 하겠다'가 더 스마트하고 '언젠가 세계일주를 하겠다'보다는 '대학생 때 유럽 배낭여행을 가기 위해 영어 회화를 공부하고 아르바이트를 해서 여행 경비를 모아야겠다'가 훨씬 스마트한 목표 설정입니다.

플래닝과 스케줄링의 차이

목표를 구체적인 계획으로 쪼개는 작업이 바로 '플래닝'입니다. 꿈은 그 자체로 두면 계속 꿈으로만 남지만 그 꿈을 체계화시키면 '계획'으로 바뀐답니다. 이제 필요한 것은 꿈이 계획으로 바뀌는 순간입니다. 학생 신분으로서 꿈을 이루기 위한 전략은 바로 진학을 위한 교과(학습)와 비교과(창의적 체험활동)의 목표를 구체적으로 세우는 것입니다.

그런데 여기서 잘 생각해 볼 것이 있습니다. 많은 학생들이 플래닝을 어려워합니다. 좋은 것은 알지만 항상 '작심삼일'의 경우를 자주 목격했기 때문이죠. 그래서 플래너에 대한 거부감이 상당합니다. 어차피 안 될 거 왜 손 아프게 작성하느냐는 것입니다. 하지만 내 꿈에 맞는 진짜 내가 세운 플랜은 항상 설레고 즐겁습니다.

먼저 플래닝에 대한 오해부터 없어야 하는데, 대부분 학생들은 '플래닝'과 '스케줄링'을 혼동합니다. 스케줄링은 시간 순서에 따라 해

야 할 일만 나열하는 경우입니다. 'To do List'처럼 말이죠. 해야 할
일의 리스트를 적는 것만으로도 미루지 않기에 시간관리에서는 무
척 필요한 과정입니다. 그런데 스케줄링에는 가장 중요한 '목표'가
빠져 있습니다. 플래닝은 목표를 이루기 위해 단계적으로 진행해
나가야 하는 과정을 생각하는 것입니다. 그래서 자기 성찰과 주기
주도력이 없으면 플래닝을 시작하는 것조차 힘든 게 현실입니다.
사람은 앞날을 예측할 수 없습니다. 그런데 앞날을 빽빽하게 적는
다는 것은 사람을 질리게 만들어 버리죠. 학생들을 돕다 보면 지
금까지 플래닝이 아닌 스케줄링을 했기 때문에 작심삼일만 하는
경우를 많이 보았습니다. 스케줄링할 때 적은 스케줄에 나를 옭
아매는 것이 아니라 나의 꿈을 이루기 위해 계획을 세우는 것! 이
것이 바로 진짜 플래닝이랍니다. 지금껏 우리는 플래닝을 할 때 그
냥 무작정 하는 경우가 많았습니다. 그래서 플래닝에 항상 실패했
던 것입니다. 플래닝을 위해서는 체계적인 '나' 분석과 꿈과 현실의
'Gap(격차)'을 치밀하게 분석해야 합니다. 그래야 플래닝이 진짜 꿈
을 이루는 최고의 도구가 되는 것입니다.

1. '영어 성적 향상'이라는 목표를 가진 친구가 있다. 이것을 참고해서 나의 목표와 그것을 이루기 위해 해야 할 일을 써 보자.

2학기 영어 성적 올리기		
목표	2학기 영어 1등급 맞기(내신, 수능 모두)	
목표를 이루기 위해 해야 할 일	수업 시간 집중/EBS 강의 완강	
	하루에 단어 10개씩 외우기/매일 영어 듣기	
구체적인 행동 계획	EBS 강의 보기	독해 강의 하루 1단원 보기
		문법 강의 1단원씩 보기
	스스로 공부하는 시간	강의 전 예습 5분씩
		강의 후 바로 노트 정리
		매일 단어 10개 친구와 쪽지시험
		이동할 때 영어 듣기

목표	
목표를 이루기 위해 해야 할일	
구체적인 행동 계획	

2. 다음 진로 진학 로드맵 예시를 참고해서 자신만의 진로 진학 로드맵을 작성해 보자.

1단계. 비전과 직업
인류에 유익한 디자인을 하는 나눔디자이너

↓

2단계. 학과 선택	3단계. 학교 선택
산업디자인	카이스트, 경희대, 홍익대, 국민대
아트 앤 테크놀로지학과 테크노 아트학과	서강대, 연세대
콘텐츠융합디자인학부 (제품디자인 전공)	한동대

↓

4단계. 대학으로 가는 방법
- 수시: 학생부종합전형, 학생부교과전형, 논술전형 - 정시: 수능

↓

5단계. 진학을 희망하는 대학과 학과에 맞춘 '스펙' 디자인

1단계. 비전과 직업

↓

2단계. 학과 선택	3단계. 학교 선택

↓

4단계. 대학으로 가는 방법
- 수시:
- 정시:

↓

5단계. 진학을 희망하는 대학과 학과에 맞춘 '스펙' 디자인

* 실업계일 경우 특성화고 졸업 이후 들어가고 싶은 회사나 다른 하고 싶은 일을 구체적으로 적어 보자.

3. 중고등학교 전체를 보는 진로 활동 로드맵

〈예시〉 미래 언론인의 ROADMAP

	중등			고등		
	1	2	3	1	2	3
자율 활동	반장	반장	반장	학생회 활동, 교내 강연 듣기		
동아리 활동	방송반			교내신문잡지 편집부	교내신문잡지 편집부	
봉사 활동	독거노인 도시락 배달	독거노인 도시락 배달	환경보호 운동 행사 참여	불우이웃 돕기, 캠페인 활동	도서관 봉사활동	헌혈
진로 활동	방송국 방문 및 직업인과의 만남	블로그 운영	블로그 운영, 유튜브 영상 제작	블로그 운영, 다큐멘터리 찍어 보기	미디어 캠프 참가	
대회수상, 자격증		백일장 대회 참가	마라톤 참가	UCC 콘테스트, 논술대회	한국어 능력시험	에세이 대회
독서 활동	세계문학 전집 읽기	신문잡지 정기구독 (중학생 대상)		고전 읽기	신문잡지 정기구독	

	중등			고등		
	1	2	3	1	2	3
자율 활동						
동아리 활동						
봉사 활동						
진로 활동						
대회수상, 자격증						
독서활동						

Yearning: 열망

꿈을 이루는 열정

'S·T·O·R·Y'의 마지막 단계는 바로 'Yearning(열망)'입니다. 결국, 가슴이 뜨거워야 합니다. 아무리 앞에서 여러 절차를 통해 진로를 찾았다고 하지만 결국 내 가슴이 뜨거워져야 진짜 나의 꿈이고 나의 인생길입니다. 꿈을 이루고 성공한 사람들의 공통점이 무엇일까요? 분야도 다르고 성격도 다르고 가치관도 다르고 스타일도 모두 다 다르지만 유일한 공통점이 하나 있습니다. 바로 '열정'입니다. 열정이란 단어의 뿌리는 '들어오다(en)+신(theos)'입니다. 두 개를 합치면 원시 신앙에서 '신이 내리다'라는 말이 됩니다. 어떤 일에 신들린 무당처럼 달아오르는 상태를 열정이라고 할 수 있는 것이죠. 배우나 가수들이 혼신의 힘을 다해 연기하거나 공연을 하는 것을 볼 때 우리는 이런 감정을 느낍니다. 가끔 방송에서 각 분야의 '달인'들이 자신의 분야에서 최고의 기술을 선보이는 모습을 보면 혼신의 힘을 다하는 열정으로 감탄이 저절로 나올 때가 많습니다. 그런데 이렇게 열정적인 삶은 지금 이 순간부터 살아내야 합니다. 실제로 진로가 명확하고 학생부종합전형으로 대학까지 잘 합격한 학생들은 '열정'이 넘쳐납니다. 이 열정은 쉽게 말해 누가 시키지 않는데도 지속적으로 스스로 자신의 꿈을 위해 노력하는 것입니다.

소외된 사람들을 비추는 다큐멘터리 감독이 되고 싶은 학생이 있었습니다. 이 학생도 처음부터 뛰어난 학생은 아니었습니다. 어릴 적에는 뭐든지 고만고만하게 했고 이런저런 스쳐지나가는 꿈이 정말 많던 '평범한' 아이였다고 합니다. 오히려 커가면서 가끔은 한가지 분야에 탁월한 능력이 있어 그 분야를 열심히 개발하는 친구들이 무척 부러웠다고 합니다. 하지만 중학교 때부터 영상에 관심이 생겨 하나하나 부딪쳐 보고 도전해 봤습니다. 이 학생은 어느누가 시키지 않았음에도 불구하고 스스로 고등학교 3년 동안 열정을 지속하기 위해 노력했습니다. 처음에는 영상을 만드는 데 익숙지 않았지만 점점 더 사람에 대한 고민, 더 나은 사회를 만들기 위한 고민에서 시작된 이야기를 영화로 만들고 싶어졌습니다. 스태프들과 협업하면서 리더십과 창의력을 발휘했고 교내 영화제와 대한민국청소년미디어대전과 같은 교외 영화제에서 상을 받아 인정을 받았습니다. 영화뿐만 아니라 다양한 영상도 제작하려는 시도를 했습니다. 교내 뮤직비디오 동아리까지 만들어 뮤직비디오를 제작하게 된 것입니다. 그리고 다큐멘터리 감독이 되려면 사회를 보는 눈이 있어야 한다고 생각해 역사와 사회를 자신만의 공부 방법으로 탐구하여 그로 인한 성적 향상의 결과로 '자기주도학습상'까지 받았습니다. 무엇보다 이 학생은 자신의 열정을 유지하기 위해 독서를 많이 했는데 처음에는 단순히 재미있는 책만 봤지만 나중에는 독서에 재미가 붙고 더 큰 호기심이 생겨 수준 높은 인문 고전까지 읽게 되었습니다. 결국 이 학생은 명문대에 합격했습니다. 이처럼 진정한 열정은 자기주도력 및 성장과 함께합니다. 무엇보다 열정의 지속이야말로 진로의 완성입니다.

열정을 지속하는 루틴

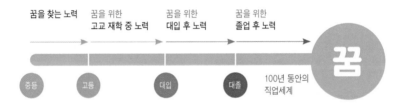

앞으로 우리는 100년 넘게 '일'을 할 것인데 이때 가장 중요한 것이 무엇일까요? 바로 '열정'입니다. 위의 그림을 보면 다음 단계로 넘어가려면 '노력'을 유지해야 하는데 그 노력을 유지하는 에너지가 바로 '열정'이랍니다. 그런데 사람들이 착각하는 것이 있습니다. 열정은 하늘에서 뚝 떨어지는 것이라고 생각하곤 하는 것입니다. 이 열정이 생기는 것은 어떤 행사나 이벤트, 멋진 누군가와의 만남처럼 단 한 번일 수도 있습니다. 하지만 이 열정을 지속하도록 하는 것은 거창한 이벤트가 아니라 바로 '루틴(Routine)'입니다. 루틴이란 같은 행동을 반복하면서 마음을 다스리는 일을 말합니다. 나만의 리듬을 유지하고 산만해지지 않도록 하기 위해서 내 마음이 흐트

러지지 않게 바로 잡아주는 '안정장치'입니다. 무엇보다 분주하고 정신없고 먹고살기 힘들어 나의 꿈이 나의 인생과 멀어지려고 할 때, 즉 궤도에서 벗어났을 때 내 마음을 돌아오게 하는 힘이기도 합니다. 이처럼 루틴은 그 어떤 순간에라도 꿈을 향한 최고의 나를 이끌어내는 장치입니다. 지금부터 멋진 나만의 루틴을 가져 보는 건 어떨까요? 어릴 때부터 마음 다해 길들여놓은 루틴은 '내 꿈의 온도'를 뜨겁고 선명하게 해 준답니다. 인생길에서 내가 정한 목표를 이루도록 도와줍니다. 루틴은 인생의 재료인 매 순간순간을 아주 빛나게 만들어 줄 것입니다.

꿈을 향한 루틴

김승호 스노우폭스 회장은 세계 1위 도시락 회사의 CEO입니다. 김승호 회장이 2005년 미국에서 창업한 스노우폭스는 유럽·호주·한국에 진출하였고 전 세계 1,300여 곳에 매장을 두고 있습니다. 연 매출액은 3,500억 원대에 이른다고 합니다. 김승호 회장이 또 유명한 이유는 그의 독특한 '루틴' 때문입니다. 목표가 생기면 그는 종이에 매일 100번씩 100일간 손글씨를 쓰기로 유명합니다. 매장을 새로 차릴 땐 매장 안 모습을 그려 본다고 합니다. 그 절실한 생각을 글로 적고 이미지로 표현하면 꿈을 이룰 수 있다고 믿는 그는 결국 그것을 증명해 냈고 『생각의 힘』, 『알면서도 알지 못하는 것들』이란 책을 내어 베스트셀러 작가까지 되었습니다.

> 100번 쓰기는 단순한 행동입니다. 막상 실행에 옮기려면 생각보다
> 어려워요. 하다가 중단하면 그렇게 절박하지는 않은 거죠. 목표를
> 명확히 인지하면 주변 상황의 변화 등 변수가 생겼을 때 쉽게 알아
> 챌 수 있어요. 반대로 목표가 명확하지 않으면 기회가 있어도 잡을
> 수 없죠. 물론 운도 작용합니다. 그런데 행운도 불특정 다수가 아니
> 라 준비된 사람을 찾아가요. 이렇게 100번씩 쓴다고 해서 꿈이 다
> 이루어지는 건 아니에요. 그러나 실현될 확률은 현저하게 높아집니
> 다. 저는 이 방법으로 일곱 번 꿈을 이뤘습니다.
>
> - 김승호 회장

루틴의 스타일은 정말 다양합니다. 중요한 것은 가슴속에 불이
꺼지지 않게 유지하는 것입니다. 루틴의 방식은 김승호 회장처럼
매일 글로 적고 눈으로 볼 수 있게 이미지를 만드는 것일 수도 있
고 아니면 매일 명상을 하거나 운동을 하는 것일 수도 있습니다.
세계적인 작가 무라카미 하루키는 매일 마라톤을 하듯 달립니다.
이런 방식 외에 제가 학생들에게 해 주고 싶은 말은 바로 끊임없이
자신의 진로분야에서 관심이 유지되도록 '정보' 찾는 것을 즐기라
는 것입니다. 정말 좋아하는 아이돌 가수가 있다고 합시다. 정말
끊임없이 그들에 대한 정보를 찾는 것이 나의 '루틴'이 될 것입니다.
그러니 자연스럽게 애정도 더 커지지 않을까요? 내 진로에 대한 것
도 마찬가지랍니다.

진로가 막연한 중3 남학생이 있었습니다. 역시 이 학생과도 'S·T·O·R·Y'
에 맞게 진로 상담을 했습니다. 그러면서 이 학생의 흥미가 '먹는
것'임을 발견했습니다. 이 학생은 어릴 때부터 맛있는 음식을 먹는
것이 인생 최고의 즐거움이었습니다. 맛있는 음식을 먹는 것 말고
는 인생에서 딱히 관심 있고 즐거운 것이 없다 보니 결국 살이 많
이 쪄 비만까지 이르렀습니다. 하지만 비만이 되니 건강도 좋지 않
아졌고 친구들에게 따돌림을 당하고 삶의 질이 떨어져서 다이어트
를 했습니다. 운동과 식이요법의 병행으로 학생은 결국 7개월 만
에 다이어트에 성공했습니다. 다이어트 할 때 가장 힘든 것이 먹고
싶은 것을 맛있게 못 먹는 것이었다고 합니다. 학생이 이러한 자신
의 인생 스토리를 이야기해 주자 순간 이런 것을 진로를 삼으면 어
떨까 싶어 물어봤습니다.

"먹는 것을 진로로 삼으라고요? 그럼 저도 아프리카 TV 먹방 BJ
로 활동할까요?"

"아니, 먹는 것을 좋아하니까 요리와 식품에 관련된 것을 진로로
삼으면 어떨까 해서. 너 혹시 요리 잘하고 좋아하니?"

"아, 저도 요리사 생각해 보고 시도해 봤는데 저는 먹는 것만 좋
아하지 요리는 잘 못 하는 것 같아요."

학생과 저는 다시 미래사회에서 유망한 기술과 직업군에 대해 살
폈습니다. 그러던 중 학생이

"저는 진짜 다이어트 할 때 제대로 먹지 못해서 슬펐어요. 맛있
는 음식을 먹는 것이 진짜 행복한 것을 실감했고 맛있으면서 살

안 찌는 음식 어디 없나? 이런 건 왜 안 나오지? 이런 생각을 한 적이 많았어요!"

"그래 아무리 기술이 발달해서 떡볶이 대신 떡볶이 캡슐이 나온다고 해도 사람들은 안 사 먹을 것 같아. 떡볶이 대신 떡볶이 캡슐을 먹는다는 것은 상상만 해도 너무 끔찍하다."

뭔가 진로의 문이 열릴 것만 같았습니다. 미래에는 '바이오 헬스케어' 분야가 유망하기에 이 분야에 관련해서 설명을 했고 다양한 직업군 중에 '기능성식품 연구원'이라는 직업을 찾아봤습니다. 그리고 이 직업에 대하여 조사하라고 숙제를 내줬더니 정말 찾아 왔습니다. 더불어서 학생은 현재 기능성 식품 연구원으로 활발하게 활동하고 있는 전문가에 대한 기사까지 스크랩해 왔습니다. 무척 밝은 표정으로 말이죠. 정말 자신의 꿈이라면 관심이 생기기에 관련 분야 기술이 어디까지 발전했는지 꼭 알아보게 마련입니다. 이게 습관이 되면 내 꿈을 이루는 멋진 루틴이 되는 것이죠. 그런데 대부분 학생들은 이렇게까지 잘 못 합니다. 만약 생명공학자가 꿈이면 관련 뉴스가 나올 때마다 살펴봐야 합니다. 실제로 요즘 진로 코칭을 하는 아이들 중에는 생명공학에 관련된 꿈을 가진 학생이 정말 많습니다. 그런데 이 학생들을 보면 그 꿈을 이룰 가능성이 보이는 사람과 그렇지 않은 사람이 확연히 구분됩니다.

"최근에 유전자 가위 크리스퍼가 나왔는데 어떻게 생각하니?"

이렇게 제가 물어봤을 때 대답을 잘하는 학생이 있는가 하면 그게 뭔지도 모르는 학생도 있습니다. 생명공학자가 꿈이면 적어도 최근의 과학 기술에 대한 지식은 알아야 합니다. 이건 지식의 문제가 아니라 '관심 있는 것에 대한 태도'의 문제이기 때문이죠. 내 꿈에 대한 정보력이 없다면 그 꿈은 자신이 간절히 이루고 싶은 꿈이 아닙니다. 꿈에 대한 정보가 있다면 정말 그 꿈을 이루고 싶다는 것이고 거기에 꿈을 이루기까지의 자세한 계획까지 있다면 정말 간절한 것입니다. 그만큼 꿈에 대한 열정을 보여줄 수 있고, 자신이 가진 정보력이 꿈에 한 걸음 더 가깝게 해 줄 것이기 때문이죠. 내 꿈에 지속적으로 동기를 부여하려면 독서와 영화, 여러 다큐멘터리와 강의, 강연 프로그램을 보면 도움이 됩니다. 또 캠프와 박람회 그리고 직접적이고 다양한 경험을 하면 열정은 지속됩니다.

롤모델을 입체적으로 분석하라

나의 진로를 이뤄 나가는 가장 효율적인 방법은 바로 '롤모델'을 따라 하는 것입니다. 나보다 먼저 앞서서 그 길을 간 사람들을 살펴보는 것만으로도 큰 자극이 된답니다. 보통 사람들은 직업에 대한 롤모델을 찾고 살필 때 그 직업의 보수와 사회적인 지위, 명성 혹은 화려한 업적과 성공 같은 눈에 보이는 결과만 단수하게 살피고 그런 직업인이 되길 바랍니다. 그 사람이 그 분야와 그 일에서 성공하기까지 얼마나 치열하게 고생을 했는지에는 관심이 없습니다. 어떤 방식으로 어려운 과정을 잘 이겨낸 것인지, 그 직업세계에서 일을 성공적으로 수행하기 위해서는 어떤 자질과 역량을 키워야 하는지는 고민해 보지 않는 게 가장 큰 문제입니다. 롤모델의 커리어 패스(career path)를 입체적으로 분석해야 롤모델을 제대로 벤치마킹하는 것을 넘어 더 뛰어난 인물이 될 수 있고 자신보다 어린 다음 세대의 롤모델이 될 수 있습니다. 내가 꿈을 이루면 나 또한 누군가의 멋진 롤모델이 되는 것입니다.

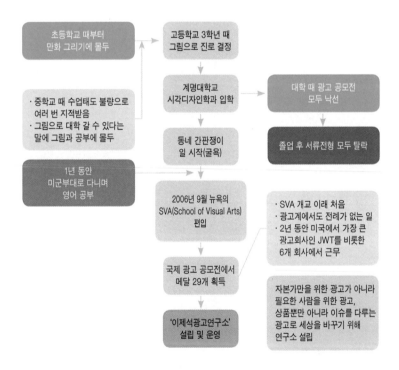

출처: 충북대학교 입학본부 입학과, 충북대학교 워크북 『2015Career&Learning』

광고 기획과 콘텐츠 제작의 꿈을 가진 한 학생은 광고천재로 유명한 이제석을 롤모델로 삼았습니다. 과거에는 단순히 이제석이라는 사람이 상을 많이 받아 부럽다고만 생각했는데 책 『광고천재, 이제석』을 보고 이제석의 진로과정을 보다 더 입체적으로 살피게 되었습니다.

> 나는 루저였다. 과 수석으로 졸업하고도 간판쟁이밖에 할 게 없었다. '데이비드 오길비'라는 유명한 광고인도 수세미 장사부터 시작했고, 자신도 간판쟁이로 시작한 점에서 공통점이 있다. 밑에서부터 차츰차츰 올라가야 내공이 생긴다.
>
> - 이제석, 『광고천재, 이제석』

책에서 본 이 문구가 큰 자극이 되었는지 학생은 매일 스케치를 한 장씩 하려고 노력했고 이 활동이 결국 학생의 루틴이 되었습니다. 롤모델 입체 분석 후 학생의 소감은 다음과 같습니다.

> 이제석은 처음부터 광고를 잘 만들고 디자인을 잘한 천재인 줄 알았는데 서울의 명문대를 나온 것도 아니었고, 광고 공모전에서도 많이 떨어졌으며, 간판 일을 했다는 것을 알고 놀라웠다. 나도 한 단계 한 단계 차근차근 꾸준히 해야겠다. 그리고 나도 뉴욕이나 파리에서 광고와 콘텐츠 관련 일을 할 수도 있으니 영어를 열심히 공부해야겠다. 그래야 전 세계 사람들과 즐겁게 일할 수 있을 테니.

어떤가요? 멋진 삶을 사는 모두가 선망하는 롤모델이 그 자리에 오르기까지 얼마나 많은 노력을 하고 역경을 극복했는지 구체적으로 살피는 것은 나의 성장에 큰 도움이 된답니다. 이제는 롤모델을 막연히 부러워만 하지 말고 그가 걸어간 길을 실제 내 삶에 적용해 보는 연습을 꼭 하길 바랍니다.

열정을 지속하는 **진로 코칭**

1. 롤모델을 선정해서 조사하여 다음을 구체적으로 적어
   보자.

   ① 어떤 성공과 성취를 이뤄 냈는가?

   ② 그러한 성취가 이 세상과 타인에 어떤 기여를 하고 영향을 끼쳤
      는가?

   ③ 롤모델이 꿈을 갖게 된 계기와 이유는 무엇인가?

   ④ 롤모델은 그 꿈을 이루기 위해 어떤 노력을 하였는가?

   ⑤ 롤모델이 자신의 분야에서 성공할 수 있었던 이유는?

⑥ 롤모델의 진학 경로는? (졸업한 학교/학과)

⑦ 롤모델은 어떤 고난과 역경이 있었는가?

⑧ 롤모델은 그 고난과 어려움을 어떤 식으로 극복했는가?

⑨ 내가 본받거나 닮고 싶은 점은?

2. 이 시간 이후 내 삶을 채울 새로운 루틴(Routine)은 무엇인지 각오를 적어 보자.

Part 04

부와 가치를 스스로 창출하는
창의적인 열정가가 되자

행복은

스스로 생각하는 목표를 추구하는 과정에서

얻을 수 있다.

- 에드 디너(Ed Diener)/심리학자

부자가 되고 싶은데
직업은 사라지는 현실

임대업자, 연예인, 가상화폐, 외제차, 명품 가방

요즘 실제로 많은 학생들이 바라는 꿈입니다. 이들의 공통점은 무엇일까요? 바로 '돈'과 관련되어 있다는 점입니다. 우리 돈에 대해서 솔직해져 볼까요? 어른들과는 이성 문제만큼이나 돈 문제에 대하여 솔직하게 이야기하기가 힘들 거예요. 불행히도 지금껏 학교와 가정에서는 돈에 대하여, 또 부자가 되는 것에 대하여 좀 더 솔직하고 중요하게 여러분에게 이야기해 주지 못했답니다. 돈 많이 버는 법, 나에게 맞는 좋은 직업 갖는 법, 행복하게 가정생활을 유지하는 법, 자녀 키우는 법, 사람들과 소통하는 법 등 실제 살아가면서 가장 필요하고 중요한 것은 정작 학교에서 잘 가르쳐 주지 못하고 있으니까요.

저는 여러분과 돈에 대해서 진솔하게 이야기를 나누고 싶답니다. 저는 대학교를 졸업하고 사회생활을 하는 동안에도 좀처럼 돈과 진정한 부자의 의미에 대한 이야기를 잘 들어본 적이 없었답니다. 저희 집은 어린 시절부터 형편이 어려웠고 항상 경제적인 이유로 부모님은 자주 싸우셨어요. 그래서 가난이 싫다고, 난 꼭 부모님처럼 살지 않고 부자가 되겠다고 다짐하면서 공부를 열심히 해서 좋은 직장에 들어가고 싶었습니다. 그런데 그때 그 시절에 공부만 그저 성실하게 열심히 한다고 부자가 되는 것은 아니라며 진짜 제대로 된 '경제관념'을 말해 주는 어른이 내 곁에 있었다면 얼마나 좋았을까요? 지금 생각해 보니 삶에서 정말 중요한 '재정 문제'를 내 자신이나 부모님 그리고 대한민국의 어른들이 많이 놓쳤다는 생각이 듭니다. 반면에 유대인들은 아이 시절부터 경제 교육, 재정 교육을 시킨답니다. 돈에 대한 올바른 생각, 부와 경제에 대한 올바른 가치관을 세우는 일은 빠르면 빠를수록 좋습니다. 돈이란 그냥 부모님에게서 얻을 수 있는 것이 아닙니다. 이 세상은 10원짜리 하나 쉽게 벌 수 있는 곳이 아니며 결코 공짜로 돈을 주는 법이 없으니까요. 돈이 무엇이냐고 묻는다면 저마다 많은 의미 있는 답이 오고 가겠지만 일단은 '하고 싶은 것은 할 수 있고 하기 싫은 것은 하지 않아도 되는 자유'를 주는 것이라고 말하고 싶습니다. 돈이 많은 사람이 적은 사람에 비해 반드시 행복하다고 할 수는 없지만 돈이 없으면 불편한 것도 사실이니까요.

그렇다면 돈을 많이 벌려면 어떻게 해야 할까요? 이렇게 질문을 하면 대부분의 학생들은 그 시절 제가 했던 그 대답을 똑같이 합니다.

"공부 열심히 해야죠."

공부를 열심히 하는 것과 부자가 되는 것이 어떤 연관이 있냐고 물으면, 대부분은 공부를 열심히 해야 취직을 할 수 있고 취직이 되어야 월급을 받고 그 월급으로 부자가 된다고 말한답니다. 그래서 꼭 대기업에 취직을 하거나 선생님이나 경찰 공무원을 할 것이라고 덧붙이죠. 어느 정도 세상이 돌아가는 이치를 아는 어른들은 이 아이들의 대답에 웃음이 나온답니다. 비웃음이 아니라 정말 뭔가 짠한 감정이 들면서 '웃픈' 것이죠.

꿈: 부자가 되고 싶다
그 꿈을 이루기 위한 직업: 공무원

이렇게 적는 학생들이 실제로 정말 많습니다. 하지만 전 과감하게 학생들에게 현실을 말합니다. 월급쟁이만으로는 부자가 될 수 없다고 말이죠.

돈을 벌어야 하는데 일자리는 점점 사라지고 있습니다. 세계적인 미래학자 토머스 프레이는 "2030년까지 20억 개의 일자리가 없어지고 포춘 500대 기업 가운데 절반은 문을 닫을 것"이라고 예측했는데요. 일자리 20억 개는 세계 일자리의 절반에 해당하는 수치입니다. 20억 명이 일자리를 잃는다는 뜻이기도 하죠. 다보스포럼 또한 '일자리의 미래'라는 보고서를 통해 "2020년까지 앞으로 5년 동안 인공지능, 로봇, 생명공학 등 미래 기술의 영향으로 일자리 500만 개가 사라질 것"이라고 발표했습니다. 뿐만 아니라 2030

년에는 국내 인공지능 시장규모가 27조 5,000억 원에 달할 것이라고 예측했습니다. 직종도 경비, 보안 분야부터 헬스 케어, 통번역, 교육, 간호까지 곳곳으로 확산될 것이라고 말이죠. 영화 속에서만 보던 미래가 생각보다 일찍 이미 우리 곁에서 진행되고 있습니다. 그런데 과연, 누가 기계만큼 지치지 않고 근면성실할 수 있을까요? 누가 기계만큼 정확할 수 있을까요? 누가 기계만큼 감정에 치우치지 않을 수 있을까요? 누가 기계만큼 신속할 수 있을까요? 누가 기계처럼 분석할 수 있을까요? 결국 육체적, 물리적으로만 보면 사람은 모든 것이 기계에 못 미칩니다. 근면성실하고 정확한 기계는 피로하고 스트레스 받고 감정에 치우쳐 판단을 못 하는 인간보다 나을 것입니다. 단순하게만 보면 우리는 기계를 결코 이길 수 없습니다. 이 같은 기술 발달이 우리의 미래에, 나에게 어떤 영향을 미칠까요?

대체 불가능한 인재가 되어
몸값을 높이자

축구선수 네이마르의 연봉: 4,500만 유로(한화 576억 원)

야구선수 클레이튼 커쇼의 연봉: 3,300만 달러(한화 350억 원)

배우 송중기의 광고 수입: 1년 계약 기준 10억

여러분의 몸값은 얼마일까요? 고등학교나 대학교 졸업을 앞둔 시점에서 대부분은 직업을 구하기 위해서 처음 '시장'에 나간답니다. 이것을 '직업시장' 또는 '재능시장'이라고 하는데 어떤 시장이든 시장은 언제나 사는 사람들과 파는 사람들로 이루어집니다. 재능이나 기술을 파는 사람인 나와 여러분은 갈고닦은 재능과 기술, 역량 등을 문서에 잘 기록하는데 이것이 이력서와 자기소개서입니다. 국가기관, 대기업, 중소기업 하다못해 작은 가게라도 직원은 절대 아무나 대충 뽑지 않습니다. 자신들에게 꼭 필요한 재능이나 기술을 가진 사람들만 원한답니다. 정말 슬프지만 세상은 여러분이 얼마나 노력했는지는 관심이 없고 오직 자신들이 원하는 재능과 역량, 기술을 얼마나 갖추고 있느냐가 중요합니다. 시장에서 일자리를 구할 수 있는 방법은 여러 회사나 기업에서 원하는 재능, 역량, 기술을 갖추는 것입니다. 그런데 그러한 재능과 기술, 역량을 갖추는 것은 내 몫입니다. 부모님이나 그 어느 누구가 해 줄 수 있는 것이 아니에요.

앞으로 좋은 직업을 구하려는 사람은 더욱 많아지고, 안정적인 정규직을 제공하는 기업과 기관은 점점 줄어들 것입니다. 이렇게 일자리를 구하려는 사람은 많고 제공하는 곳은 점점 적어지면 경쟁이 치열해집니다. 그래서 학교를 졸업하고도 취직하지 못하는 20대, 30대 청년 실업자가 늘어나는 것이죠. 또 요즘 나타나는 또 다른 변수, 바로 최저시급입니다. 이 최저시급이 높아져 사람을 줄이거나 뽑지 않으려고 하는 회사가 늘어나고 있습니다. 또 인건비가 싼 중국과 동남아에서 많은 사람들이 들어와서 일자리를 차지하고 있습니다. 그리고 이제는 설상가상으로 인공지능과 로봇까지 가세합니다. 그렇다면 이런 시대에 우리는 어떻게 해야 할까요? 이런 시대를 잘 헤쳐 나가려면 어떤 인재가 되어야 할까요?

『세상을 서빙하다』라는 책의 저자 이효찬을 보면 그 답을 찾을 수 있습니다. 이 책의 저자 이효찬은 현재는 자신의 가게를 운영하는 사장님이지만 '알바'를 하던 시절도 있답니다. 하지만 그때 받은 대우는 '스타' 급이었어요. 족발집 서빙 6개월 만에 사장님은 다른 식당에 그를 빼앗기기 싫어서 그에게 1,000만 원짜리 호텔 피트니스 연간 회원권을 사 줬답니다. 대기업에서는 월급의 2배를 제안하며 스카우트하려 했지만 그는 거절하고 계속 식당일을 했습니다.

매니저 시켜줄 테니 오라는 음식점 사장들의 제의는 셀 수도 없이 많았다고 해요. 그는 자신의 일을 하면서 유명한 방송에도 나오고 강연도 하고 책도 냈으며 현재는 사장님입니다.

어떤 비결이 있기에 사람들이 대수롭지 않게 여겼던 서빙 알바의 품격을 바꾸고 본인의 몸값을 높인 것일까요? 그는 번호표 받고 기다리는 손님들이 심심하지 않도록 신청곡을 받아 틀었어요. 손님이 데려온 아이들의 장기자랑 무대를 만들고 레크리에이션 진행도 했습니다. 그래서 팁을 받으면 카운터에 넣거나 종업원들에게 음료수를 돌렸어요. 아무도 시키지 않은 일인데 스스로 주인 의식을 가지고 창의적으로 한 것이죠. 또 하루 한두 개도 안 팔리던 '비인기 메뉴'를 위해 기발한 자신만의 멘트를 만들었어요. 예를 들면 식당에 들어서는 손님들을 향해 "오늘 하루 고생했다면 자신에게 선물하세요. 비빔국수가 한 그릇에 5,000원입니다" 하고요. 이후 비빔국수 하루 매출은 50만 원으로 늘었다고 해요.

"고객이 불러서 가면 심부름이지만 내가 찾아가면 서비스가 된다"는 마인드를 가지고 있던 그는 족발집에서 일하며 한 달에 한 번씩 새 신발을 사야 했습니다. 남보다 몇 배 많이 움직이니 한 달이면 신발 옆에 구멍이 나기 일쑤였어요. 그는 수동적으로 시키는 일만 하지 않았고 자신의 일에서 '창의성'을 발휘했고 성실했던 것입니다. 인간친화 능력과 공감 능력 또한 뛰어났습니다.

"서빙은 손님을 관찰하는 데서 시작됩니다. 관찰하다 보면 뭐가 필요한지 쉽게 알 수 있어요."

이런 그의 열정적인 모습 덕분에 교육기관에선 강연을 요청했고 결국 유명한 방송에까지 나와서 강연을 하게 되었답니다. 어떤가요? 이런 인재라면 식당에 무인 계산 시스템이 등장해도 거뜬하게 살아남을 것 같지 않은가요? 로봇과 인공지능이 가질 수 없는 오직 사람에게만 있는 열정과 공감 능력, 창의성만 있다면 어떤 상황에서도 몸값이 높은 인재가 될 것입니다.

그리고 스스로에게 이런 질문을 던져 봅시다.

"내가 가진 재능은 얼마나 특별한가? 나의 재능을 특별하게 만들기 위해 나는 어떤 노력을 하고 있는가? 내가 사장이라면 나를 뽑을까? 내가 가진 재능을 사람들은 기꺼이 돈을 지불하고 살 수 있을까? 나는 고객에게 인기를 끌 수 있을까?"

앞으로는 어떤 사람이 부자가 될 수 있을까?

　과거에는 성실하게 지식만을 가지고 일했던 '지식 노동자'가 필요했습니다. 하지만 앞으로는 주어진 지식만 가지고는 일할 수 없습니다. 이제는 기존에 배운 지식으로 단순히 주어진 일과 문제를 해결하는 수준이 아니라 스스로 해결해야 할 문제를 발견하며 그 문제를 해결할 수 있는 창의적인 과정과 방법을 구체적으로 설계해야 합니다. 배운 대로 문제를 해결하는 것은 이미 기존의 지식과 데이터가 입력되어진 인공지능이 훨씬 더 잘하기 때문입니다.

　여전히 좋은 대학이 성공과 행복을 보장한다고 생각하나요? 앞에서 예로 든 서빙 스타 이효찬 씨는 고등학교만 졸업했습니다. 앞으로는 어느 대학을 나왔는지가 중요한 게 아닙니다. 얼마나 창의적인가가 여러분이 그토록 원하는 부와 신분상승을 가져올 것입니다. 즉, 멋진 아이디어와 상상력이 부를 만들어 내기 때문에 생각하고 창조하고 학습하는 능력은 매우 중요합니다. 창의적인 아이디어가 미래 사람들의 '계층'을 변화시킬 것입니다.

　대한민국을 강타한 '수저 계급론'을 들어봤을 것입니다. 개인의 노력보다는 부모로부터 물려받은 부에 따라 인간의 계급이 금수저, 은수저, 흙수저로 나뉜다는 자조적인 표현이죠. 미국 경제학자이자 사회학자인 리처드 플로리다(Richard Florida) 교수는 21세기에 일어날 사회 변화를 예측하면서 21세기에는 빈곤층, 중산층, 상류층, 그리고 그 위에 '창조층(Creative Class)'이라는 새로운 계층이 떠오를 것이라고 주장했습니다. 미래에는 창의적인 아이디어를 갖고 있는 사람이라면 누구든지 돈을 벌 수 있는 시대가 왔다고 주장합니다. 이제 아이디어만 있으면 3D 프린터를 통해 나만의 공장을 만들어 제품을 뚝딱 만들어 낼 수도 있다. 상류층도 상류층인데 상류층보다 더 높은 계층이 있다니 눈이 번쩍 뜨이고 정신이 번쩍 들지 않나요?

2017년 미국 경제전문지 《포브스》가 공개한 '2017년 세계최고 부자 순위' 중 1위부터 10위를 보면 거의가 자수성가형 인물입니다. 그와 반대로 한국은 10대 상장주식 부자 중 유일하게 1명만 창업주입니다. 자산 56조 원의 세계 부호 5위인 '페이스 북'의 마크 저커버그. 그의 부모님은 그가 치과의사가 되기를 원했지만 그는 어려서부터 컴퓨터에 대한 자신에게 주어진 끼를 살려 소프트웨어 프로그램 창작 및 개발에 열정적으로 매진했습니다. 하버드 대학교 심리학과 중퇴 후 친구들끼리 자신들의 일상을 인터넷에 올리고 서로 공유하는 호기심과 장난 섞인 '더 페이스북(The Facebook)'을 만들었는데 대기업의 유혹에도 팔지 않고 꾸준하게 발전시켜 나갔습니다. 20대 초반에 맨손으로 창업해 만 32세에 전 세계 5억 명 회원을 보유한 세계적인 소셜 네트워크 기업을 일궈낸 것이죠.

마크 저커버그뿐만이 아닙니다. 마이크로소프트의 빌 게이츠(Bill Gates), 아마존의 제프 베조스(Jeffrey Preston Bezos), 픽사와 애플의 스티브 잡스(Steve Jobs), 영국의 괴짜 기업가 리처드 브랜슨(Richard Branson) 등은 모두 자신이 원하는 일을 시도했던 '창조층'이랍니다.

이제 대학과 기업은 창조적이고 개혁적인 아이디어를 가진 인재를 서로 끌어가려고 난리입니다. 이제 학벌과 스펙보다 창의적인 아이디어와 그 아이디어를 실현하는 실천력이 중요한 시대가 되었습니다. 학교는 필요한 교육을 받기 위해 다니는 것이지 졸업장을 따러 다니는 곳이 아니며 더 이상 신분상승의 도구가 아닙니다. 미래에는 상상력과 창의성이 부를 가져온다는 것을 강조하고 싶습니다. 신분상승을 원한다면 창조층이 될 수 있도록 다양한 것을 경험하고 시도해 보면서 창의성을 기르라고 하고 싶습니다. 즉, 멋진 아이디어와 상상력이 부를 만들어 내기 때문에 생각하고 창조하고 학습하는 능력은 매우 중요합니다.

그런데 현재 우리나라는 어떨까요?. 지금 눈앞에 좁은 길과 넓은 길이 있습니다. 어떤 길을 선택할 건가요? 좁은 길은 참 힘들어 보입니다. 하지만 점점 넓어집니다. 왜냐면 경쟁자가 없기 때문입니다. 하지만 넓은 길은 갈수록 좁은 길이 됩니다. 왜냐면 경쟁자가 너무 많고 치열해서 '나의 길'이 점점 좁아지기 때문입니다. 그렇다면 왜 우리는 사라질 것에 집착하고 모두가 넓은 길만을 선택해서 결국 궁지에 몰리는 것일까요? 지식, 아이디어, 창의성, 상상력이 세상을 지배하는 시대인 지금, 우리는 어떤 준비를 하고 있을까요? 이미 만들어진 판에 끼고자 아등바등 남의 들러리만 서는 게 아니라 나만의 '새 판을 짜는 자'가 바로 '창조충'입니다. 많이 다닌 길에는 발자국이 남지 않습니다. 남이 가지 않은 길을 가는 용기와 도전 정신이 이제는 액세서리가 아니라 필수입니다. 그런데 이런 고민과 질문을 자주 듣습니다.

"저도 열정적으로 살고 싶어요. 저도 정말로 뭔가를 제대로 해 보고 싶은데 무얼 해야 할지 모르겠어요. 어떻게 하면 좋죠?"

이런 질문과 고민을 들을 때마다 저는 이런 이야기를 합니다. 정말 자신이 시간 가는 줄 모르는 공부나 활동이 뭔지 고민하고, 교과서에만 파묻히는 것이 아니라 교과서 그 이상으로 실행하고 움직이라고 말입니다. 또 머릿속으로만 생각하는 계산 말고 그저 '감'이어도 좋으니 시행착오를 하는 '실험'을 꼭 해 볼 것을 강조합니다.

창의적인 부자가 되는 원리에 눈을 뜨자

『부자 아빠 가난한 아빠』의 저자 로버트 기요사키는 다음과 같은 말을 했습니다.

> "가난한 아빠는 공부 열심히 해서 좋은 대학에 들어간 뒤 좋은 직장을 다니라고 말하고 부자 아빠는 자신이 가장 원하는 일을 사업으로 연결시켜 좋은 대학 나온 사람을 데려다가 채용하라고 이야기한다."

소득에는 두 종류가 있습니다. 첫 번째는 직접 행동(Act)을 해서 창출한 소득으로서, '액티브 인컴(Active Income, 능동적 소득)'이라고 한답니다. 우리가 동네에서 커피숍 알바를 한다고 생각해 봅시다. 시간당 7,000원을 받고 하루 8시간 근무하면 56,000원을 일당으로 벌고 주 5일 동안 한 달 일한다고 했을 대 1,120,000원을 벌지요. 노동을 통한 소득은 시간의 한계를 가지며 아무리 열심히 잘한다고 해도 회사의 규율에 따라 이미 소득의 크기가 정해져 있습니다. 아무리 일을 더하고 싶어도 인간은 피곤하기에 쉬고 자야 합니다. 무엇보다 아파서 일을 하지 않으면 그에 따른 보상이 뒤따르지 못하죠. 이처럼 사람이 일을 해서 버는 '액티브 인컴'은 시간의 선상에서 '내가 돈을 위해 일하는 것'이랍니다. 대학을 나와 직장에 들어가 월급을 받는 근로자의 삶이 대표적인 액티브 인컴이에요. 월급을 받는 사람은 일을 하지 않으면 월급을 받지 못하기 때문에 생활할 수 없죠? 20세기 근로자들은 자신의 노동력을 돈과 교환하여 부를 이뤄 냈습니다.

반면에 21세기가 되면서 시간과 비례해서 내 몸을 직접 사용하는 일을 하지 않아도, 높은 소득을 창출할 수 있는 방법들이 생겨나고 있습니다. 이것을 바로 '패시브 인컴(Passive Income, 수동적 소득)'이라고 합니다. 어떻게 사람이 일을 하지 않고 돈을 벌 수 있다는 말일까요? '패시브 인컴'이란 내가 직접 일을 해서 돈을 버는 게 아니라 나(I)를 대신할 수 있는 분신, 즉 아바타(Avatar)가 일을 하도록 하는 방식이에요. 아바타가 나의 분신처럼 24시간, 365일 쉬지도 않고 일을 해서 돈을 벌어다 주는 것이죠. 나를 대신할 수 있는 아바타에는 어떤 것들이 있을까요? 대표적인 것이 돈(Money)과 시스템(System), 아이디어(Idea), 지식(Knowledge)입니다.

돈이 나를 대신해서 일하게 하는 대표적인 방법은 '투자'랍니다. 주식 채권 같은 금융소득이나 부동산에 투자해서 임대료를 받는 것이죠. 즉, 돈이 나를 위해 일을 하는 아바타 역할을 합니다. 두 번째는 '시스템'입니다. 요즘 우리는 TV보다 유튜브를 통해 영상을 더 많이 시청합니다. 영상을 그냥 보기도 하지만 올리기도 합니다. 전 세계의 유튜브 가입자들은 유튜브라는 시스템에 몰려들어 365

일 24시간 끊임없이 유튜브의 부를 창출해 준답니다. 유튜브를 만든 사람은 엄청나게 부자가 되었겠죠? 우리나라의 '배달의 민족'이라는 어플은 어떠한가요? 역시 사람들은 배달의 민족을 통해 주문하고 음식을 많이 시켜 먹습니다. 이때 배달의 민족 어플은 부를 창출해 주는 아바타 역할을 하고 있는 것입니다. 그러니 이런 '시스템'을 잘 만들어 내는 사람은 여행을 가 있더라도 그동안 이 시스템이 어마어마한 돈을 벌어 주는 것입니다. 세 번째는 '아이디어'입니다, 작은 아이디어로 시작된 발명이 특허로 출원되어 안정적인 로열티를 받는 사례는 전 세계적으로 무수히 많습니다. 내가 발명한 기술이나 아이템이 특허로 출원되면 나의 그 '특허'를 쓰는 기관과 개인은 나에게 사용료를 지불해야 합니다. 네 번째는 '지식'입니다. 음악과 도서의 저작권료, 유튜브 동영상, 모바일 어플, 블로그 운영, 인터넷 동영상 강의 등 굉장히 많습니다. 우리가 익히 알듯 인기 작곡가와 가수들은 저작권료가 어마어마합니다. 또 최근에는 카카오톡이나 SNS에서 대화를 할 때 '이모티콘'을 사람들이 많이 사용하는데 이런 이모티콘 작가들도 저작권료를 많이 받는 사람은 억대 연봉을 받는다고 합니다. 어떤가요? 미래에는 창의적인 열정만 있다면 다양한 방식으로 부를 창출할 기회가 정말 많지 않나요?

내 안에 지식과 재능의 공장을 세우자

　어린 나이에도 이러한 '패시브 인컴'에 도전한 친구들이 곳곳에 있답니다. 미국의 테일러 로젠탈(Taylor Rosenthal)은 2014년 중학교 8학년 재학 중일 때 교내 청소년 창업 수업을 들었습니다. 그때 응급처치용품 자판기 아이디어를 구상했고, 이를 상용화하겠다는 계획을 실천했습니다. 아이디어의 시작은 그가 평소에 사랑한 '야구'였어요. 교내 야구선수를 할 정도로 야구를 좋아한 로젠탈은 야구 경기가 열릴 때마다 매번 안타까운 장면을 목격했답니다. 야구장에서 야구를 하다 보면 다치는 아이들이 나옵니다. 그때마다 로젠탈은 부모들이 구급약품을 쉽게 구하지 못해 쩔쩔매는 모습을 자주 봤고 이런 상황은 응급키트 자판기라는 아이디어를 떠올리는 계기가 됐습니다. 로젠탈의 초기 아이디어는 스포츠 이벤트가 열릴 때마다 구급용품을 판매하는 팝업 스토어(짧은 기간만 운영하는 상점) 형태였습니다. 하지만 인건비 등을 따졌을 때 남지 않아 실현이 불가능해 포기했다고 합니다. 이어서 다른 대안을 찾고 열심히 고민하다가 자판기 형태를 떠올렸습니다. 이렇게 로젠탈이 응급키트 자판기를 만들겠다고 결심한 나이는 만 12세에 불과했습니다.

2015년 9월 미국의 경영 전문지 《잉크 매거진(Inc. Magazine)》이 선정한 '전도유망한 청소년 사업가 톱 20'에도 뽑혀 이름을 알린 로젠탈은 미국 최대 규모의 헬스 케어 업체가 제안한 350억을 거절한 일로 미국 언론에서 대대적으로 보도됐습니다.

부자로 성공하고 싶다면 부유함을 낳는 기본 원리를 알아야 합니다. 아쉽게도 월급만으로는 큰 부자가 될 수 없고 바로 지식을 이용해 만든 상품이나 서비스로 사람들의 필요를 채워 주고 만족과 감동을 줄 수 있어야 합니다. 앞에서 봤듯이 오늘날 **부유함을 가져오는 것은 바로 머릿속의 지식, 아이디어, 상상력입니다. 이제 여러분의 가슴에 '지식과 재능의 공장'을 세워야 합니다. 이 공장의 목적은 자신이 좋아하는 것을 경제성 있게 만드는 것, 즉 '레몬을 레모네이드로 만드는 것'입니다.** 그냥 쓰고 신맛만 강한 레몬 자체는 큰 값을 못 받지요. 하지만 이 레몬이 레모네이드가 되는 순간 10배 이상 가치가 오른답니다. 이 공장을 움직이는 힘은 무엇일까요? 바로 자신이 관심 있어 하는 분야에서 열정적이고 창조적인 상상력을 발휘하는 것입니다. 그런데 **이 창의성은 지식의 양과 비례합니다. 그래서 책을 읽고 다양한 경험을 쌓고 공부를 해야 합니다.** '패시브 인컴'을 만들 만한 창의성은 거저 하늘에서 뚝 떨어지는 것이 아니기 때문입니다. 학창시절은 나중에 '패시브 인컴'을 할 만한 그 가능성과 잠재력을 키우는 시간이기에 소중한 것입니다. 무엇보다 패시브 인컴이 되기까지는 그 전에 치열하게 일하고 연구하고 더 노력해야 한다는 것, 모험과 도전이 더 필요하다는 것을 잊지 마세요.

대학은 선택일 뿐, 학력보다 도전으로 승부를 거는 십대

　이제 스스로 일자리와 자신의 사업체를 만들어 낼 줄 아는 인재가 세상에 필요합니다. 그런데 이런 인재는 외국에만 있을까요? 대학은 선택일 뿐이라고 생각하고 청소년 시절부터 창업을 해 세상에 도전하는 십대들이 우리나라에도 있습니다. 과연 어떤 계기와 과정을 거쳐 이런 도전을 하게 되었을까요?

　에스엔티 스투쳐(S&T Stucher)라는 회사를 세운 연희연 대표는 대학에 다닐 나이인 20대 초반에 회사 운영으로 정신이 없습니다. 이 회사의 대표 상품인 '코이스토리(KOISTORY)'는 빨대와 바퀴, 연결대로 구성된 공간지각력 향상 교구로 공간지각력을 높이고 학생이 탐구한 내용을 다른 학생들 앞에서 발표하고 가르치는 프로그램이랍니다.

　그런데 연 대표가 이 제품을 언제 만들었을까요? 바로 고2 때인 2015년에 발명해서 특허출원을 했고 2016년에 제품을 출시했습니다. 어떻게 이렇게 이른 나이에 자신만의 아이템으로 창업을 하게 되었을까요? 그녀는 우리나라 발명대회에서 20여 차례, 국제발명대회에서 10여 차례 수상하고 세계학생창의력올림피아드에서 금상을 받은 발명가로, 2014년에는 대한민국 인재상까지 수상했습니다. 그녀가 천재라서 그랬을까요? 그저 남들보다 일찍 시도했고 부 딪쳤기 때문입니다. 우연히 초등학교 5학년 때 특허청 발명교실에 참가했는데 '남을 위하는 마음만 있으면 누구든 훌륭한 발명품을 만들어 낼 수 있다'는 그 한마디에 자신도 발명을 해 봐야겠다고 생 각하고 발명을 시도했던 것입니다. 당연히 처음에는 어설픈 발명품 들이 많이 나왔죠. 중학생 때는 CEO의 꿈을 이루기 위해서 차세대 기업인 육성을 위한 카이스트 IP(지식재산권) 영재기업인교육원에서 2 년간 교육을 받았습니다. 이때, 그녀는 CEO의 가장 큰 실패 요인이 경험 부족이라는 이야기를 듣고 '어리더라도 일단 해 보자'고 결심하 여 창업에 도전을 했던 것입니다. 이처럼 아무도 가지 않은 길을 가 려는 모험 정신이 미래에는 더욱 필요합니다. 미래에는 대학 학위보 다 스스로 도전한 경험이 부를 창출할 수 있습니다.

남들과 다른 새로운 도전으로 길을 개척한 10대가 또 있습니다. '홍 군아 떡볶이'를 세운 홍연우 사장은 19세에 작지만 기계 설비가 갖춰 진 떡볶이 떡 공장의 대표가 되었습니다. 그녀가 떡볶이를 만들기 시작한 것은 2015년도인 중학교 3학년 때부터입니다. 3개월 정도 떡 볶이를 팔 기회가 있었는데 이때 쫄깃하면서 부드럽고 정말 맛있는 '떡'을 만들고 싶은 꿈이 생겼다고 합니다. 결국 그녀는 고등학교 진 학을 포기하고 중학교 때 자퇴서를 냈습니다. 그때 주변 사람들이 많이 뜯어 말렸지만, 다행히도 '공부로만 성공하는 시대는 끝났다' 는 마인드를 가진 깨어있는 부모님 덕분에 자신이 원하는 일을 시 도해 볼 수 있게 되었습니다. 그녀는 원하는 떡을 만들 때까지 분식

집 문을 닫고 친구와의 연락도 끊으면서 떡볶이가 맛있다고 소문난 전국의 가게들은 모두 찾아다니며 직접 조사했다고 합니다. 또 식품 관련 대학교수들까지 찾아가 비법을 물었지만 거절당했습니다. 그럼에도 불구하고 홍연우 사장은 매일 쌀 한 포대를 쏟아 부으며 떡을 만들고 또 만들었습니다. 무려 3년이라는 세월이 흘러서야 비로소 맛있는 떡을 만들 수 있게 되었습니다. 하지만 그녀는 여기서 멈추지 않고 더 큰 도전을 합니다. 그저 분식집을 여는 대신 떡을 만들고 포장 떡볶이를 공급하는 제조회사를 세우기로 결심하고 '라이스 블록'이라는 회사를 설립한 것입니다. 하지만 아무것도 없는 평범한 10대 소녀가 자신의 제품을 널리 알리고 판매하기까지는 험난했습니다. 무엇보다 자금을 구하는 것이 참 어려웠습니다. 이때 '크라우드 펀딩(자금을 필요로 하는 수요자가 온라인 등을 통해 불특정 다수 대중에게 자금을 모으는 방식)'에 도전했고 이 스토리가 널리 알려져 사람들은 홈쇼핑과 온라인쇼핑에서 '홍군아 떡볶이'를 찾기 시작했답니다. 그래서 2018년에는 매출이 월 3,000만 원으로까지 늘었습니다. 3년 동안 자신만의 길을 걸어오면서 가장 힘들었던 것은 외로움이나 두려움보다는 자신을 비행 청소년으로 보는 사람들의 시선이었다고 합니다. 이처럼 주위 시선에도 흔들리지 않는 자신만의 견고한 신념과 의지가 있어야 끈기 있게 매달릴 수 있습니다. 무엇보다 대학 진학만이 아닌 다양한 방식으로 미래를 개척하고 진로를 열어나가는 도전정신을 장착한 학생들이 늘어날 때 대한민국의 미래는 더 밝게 빛날 것입니다.

좋아하는 것을
경제성 있게 만들어라

그렇다면 모두가 위의 학생들처럼 당장 학교를 그만두어야 할까요? 제가 말하고 싶은 것은 모두가 '공부-대학 입시-취업'의 길만이 전부라고 생각하지 말자는 것입니다. 어린 시절부터 자신이 좋아하는 것에 흠뻑 빠져 '가치'를 창출하는 가능성을 열자는 것입니다. 이제 평균 수명이 120세인 여러분은 20대에 대학 가서 이후 100년 동안 무엇을 하며 먹고 살 것인지를 진지하게 고민해야 합니다. 아무리 시대가 변해도 가장 안전한 투자는 자신의 강점에 투자하는 것입니다. 나의 흥미와 강점으로부터 나오는 콘텐츠가 큰 무기가 될 것입니다. 아무리 좋은 대학을 나와도 자신만의 콘텐츠가 없으면 앞으로는 더 이상 경쟁력이 없다는 것을 먼저 알아야 합니다. 그래서 학교에서 공부를 하면서도 앞으로 100년 동안 할 자신만의 콘텐츠를 발견하는 연습을 해야 합니다. 이 콘텐츠를 기본으로 다양한 직위, 직업을 확장해 나가는 것입니다.

어떤 남학생은 부모님과 사람들에게 말하는 '대외적인 꿈'과 자신만의 '비밀스런 꿈' 두 가지가 있었답니다. 대외적인 꿈은 대기업 직원이고 비밀스러운 꿈은 바로 '헬스 트레이너'였어요. 이 학생은 운동을 좋아해서 하루에도 팔 굽혀 펴기를 100개 이상 했고 헬스장에서 운동하며 헬스 관련 영상과 잡지를 보는 것이 제일 행복하다고 했습니다. 또 실제로 살이 많이 찐 친구들의 다이어트를 도와줬는데 친구들과 운동을 할 때 가장 살아 있음을 느꼈다고 했습니다. 저는 왜 이중적으로 꿈을 표현하냐고 학생에게 물어봤어요.

"부모님이 안정적으로 돈 많이 버는 것을 하라고 하세요. 제가 운동이나 헬스 관련 이야기만 하면 걱정하세요. 그걸로 돈을 어떻게 버냐구요."

"헬스 트레이너가 뭐가 어때서? 연예인들이나 유명한 사람들의 운동을 도와주는 1급 트레이너가 되면 되잖아. 그리고 혹시 아니? '커브스(Curves)' 같은 세계적인 프랜차이즈 운동 프로그램과 헬스클럽을 만들지도 모르지. 또 다이어트 식품까지 만들어서 다이어트 전문가 겸 헬스트레이너로서 세계적인 다이어트 전문 회사를 차릴 수도 있고. 줌바나 태보처럼 너만의 운동 프로그램을 만들 수도 있는 거고. 몸짱 아줌마 정다연 씨도 다이어트 비디오로 일본에서 엄청 나게 돈을 많이 버셨는데. 미리 지레짐작 겁먹고 쫄지 마."

제 말이 끝나자마자 학생은 바로 눈이 휘둥그레지면서 말했습니다.

"제가 꿈 이야기를 할 때 무시하지 않은 어른은 선생님이 처음이에요."

학생은 얼마나 좋은 자극을 받았던지 자신은 생활체육학과나 스포츠레저학과도 가고 싶지만 이제는 식품공학과에 가서 다이어트 식품에 관련된 공부도 하고 싶다고 합니다. 이 학생은 자연스럽게 운동과 식이요법 등 이 분야에서 자신만의 콘텐츠를 만들기 위해 공부하겠다는 목표가 생겼습니다. 이 학생의 삶에서 이뤄지는 일관된 흐름의 콘텐츠는 바로 건강, 다이어트인 것이죠.

또 다른 여학생은 중학교까지는 의욕이 없다가 고등학교 1학년 화학실험을 하면서 화학이 좋아지기 시작했습니다. 그러던 중 생리대를 쓸 때마다 피부 트러블이 나고 생리통이 심해졌습니다. 화학적으로 어떤 연관이 있는 것인지 호기심이 생겨 많은 화학 관련 책을 읽게 되었습니다. 이렇게 다양한 책을 읽다 보니 자연스럽게 여성에게 정말 유익한 여성용품을 개발하는 꿈을 가지게 되었습니다. 처음에는 다양한 제품을 사용하고 수집하는 것으로 시작했지만 학년이 올라가면서, 다양한 화합물을 배우고 여성용품 연구 활동을 해 보니, 고분자 분야가 무척 흥미로웠고 더 깊이 알고 싶어졌답니다. 그래서 이 학생은 화학공학과에 진학하고픈 꿈이 생겼습니다. 구체적으로 꿈이 생기자 여성용품 개발자에게 필요한 자질이 무엇일까 질문했고 그 답은 바로 과학 지식과 창의성이라고 생각해서 매년 발명 아이디어에 참여하여 수상까지 했습니다. 또 여성용품 개발자에게 사회에 대한 관심은 필수라고 생각했기에, 토론의 기회가 있을 때마다 참여했다고 합니다. 왜냐면 자신이 개발한 제품은 사람들에게 팔리고 인기가 있어야 한다고 생각했기 때문이죠. 이처럼 좋아하는 것이 어떻게 경제성 있게 될까를 고민하는 것이야말로 진로를 찾고 이뤄 나가는 최고의 방법입니다.

현실적으로 좋아하고 즐기는 것을 경제성 있게 만드는 그 중간 단계가 참 어렵습니다. 그래서 저는 좋아하는 일을 경제성 있게 만드는 과정의 첫걸음으로 '서툴러도 세상에 표현하고 기록하라'는 방법을 제안하고 싶습니다. 블로그, 유튜브, 아프리카TV, 페이스북, 인스타그램 등에 자신의 아이디어를 표현하고 끈기 있게 자신만의 콘텐츠를 올리면 그 근성이 경쟁력이 됩니다.

이제 창직이
필요하다

초등학생의 65%는 현재 존재하지 않는 직업에 종사할 것이라고 예측하는 시대, 이제 일자리는 찾아서만 얻는 것이 아니며 자신들이 필요한 일자리를 만들어 내야 하는 시대입니다. 즉, 일자리는 없지만 일거리는 넘쳐나는 시대입니다. 창직(創職, Job Creation)은 창의적인 아이디어를 통해 새로운 직업이나 직무를 만든다는 뜻입니다. 새로운 일자리를 창출하는 일이기 때문에 가능성이 무궁무진하지만 대신 도전정신과 모험정신은 필수입니다. 창직은 주어진 직업을 선택하는 수준에서 벗어나 개인 스스로의 흥미, 적성, 가치관을 파악하고 직업세계를 알아가는 활동입니다. 그렇다면 창직은 어떻게 해야 하는 것일까요?

직업은 다른 사람의 행복을 위해 기여하는 것이다. 이 부분에서 나만의 직업을 창조할 수 있다. 취미는 나의 행복을 위해 하는 일이다. 취미가 직업이 되기 위해서는 내가 느낀 똑같은 행복을 얻기 원하는 사람들을 찾고 그 행복을 주는 것이다. 이것이 나만의 직업을 만드는 방법이다.

– 김난도, 『김난도의 내일』

창직에서 가장 중요한 것은 바로 **나의 흥미와 재능이 세상 사람들의 필요와 잘 만나는 그 지점을 조화시키는 것**입니다. 첫 번째 방법은 나만 보지 않고 사회가 돌아가는 것을 잘 보는 '눈', 즉 '발견의 능력'을 키우는 것입니다. 두 번째 방법은 기존에 있던 직업이나 서비스를 더 세분화해서 쪼개고 나누는 방법입니다. '병원 코디네이터'라는 직업은 과거에는 없었지만 그 업무 자체는 간호사들이나 행정 담당하는 직원들이 하던 것입니다. 그런데 이제 병원도 영업과 마케팅을 해야 하는 시대이고 환자들의 의료 서비스 욕구를 충족시키기 위해 직접적으로 이 일만 담당하는 사람이 필요하게 된 것입니다. 이제 대부분의 성형외과, 치과, 피부과에서는 이런 코디네이터와 먼저 상담을 하고 의사 선생님은 나중에 만납니다. 이들은 의료 서비스 전문가로서 병원의 분위기를 밝게 연출하고, 차별화된 서비스를 제공함으로써 병원 이미지를 홍보하여 환자가 편한 마음으로 병원을 찾을 수 있도록 합니다. 또한, 고객 상담, 접수·수납 및 예약 관리, 병원 마케팅, 직원 교육 등의 업무도 맡습니다. 이처럼 기존의 직업의 역할과 직무를 더 세분화해서 창직을 할 수도 있습니다. 세 번째는 '융합'하는 방식입니다. '산림치유 지도사'는 답답한 도시 생활에서 벗어나 숲에서 자연경관, 향기 등 자연의 다양한 요소를 활용하여 인체의 면역력을 높이고 건강 증진을 돕는 산림치유 프로그램을 개발하고 보급하며 사람들을 지도합니다. 명상과 다양한 운동과 식이요법을 병행하는데 이 직업 또한 숲이라는 자연과 치유라는 분야를 융합한 것이죠. 이처럼 직업과 직업끼리 또는 공간과 환경과 하는 일을 조합할 수도 있습니다.

창직의 요령은 다음과 같습니다. 세상에 정말 필요한 일인데 이 일에 관한 직업이 있는지 없는지 평소 발견을 많이 해서 아이디어를 얻고 잘 메모합니다. 내가 관심을 가지고 있는 분야와 나의 강점을 포스트 잇에 적어 카드처럼 조합을 해 보는 것도 좋은 방법입니다. 그런 다음 우리나라에 아직 없지만 외국에 있는 직업들의 좋은 사례를 찾아봅니다. 하지만 새로운 직업도 우리나라에서 할 것이므로 우리나라의 환경과 법 등의 실정에 맞게 다듬어야 합니다. 참신할수록 좋은데 그렇다고 실현 불가능하면 안 된다는 것이죠. 또 결정적으로 돈을 벌 수 있어야 합니다. 돈을 못 번다면 직업을 창조한 것이 아니라 또 다른 취미를 만든 것입니다.

≳ 창직 신 직업 사례 ≲

- 정리 컨설턴트

가정, 기업, 공장, 학교 등 고객의 의뢰에 따라 쾌적하고 효율적인 생활 및 사무 공간 구성을 위해 물건과 공간을 정리하는 서비스를 제공한다. 이를 통해 고객이 보다 안정되고 쾌적한 생활이 가능하도록 도와주어 생산력을 증가시키고 스트레스를 줄여 여가 시간, 공간, 활동 범위를 좀 더 잘 조절하고 생산성과 효율성을 증가시킬 수 있도록 도와준다.

- 디지털 장의사&사이버 평판 관리사

의뢰인의 요청에 따라 온라인상에 등록된 개인의 정보
와 개인과 관련된 콘텐츠를 전체 삭제하는 전문가이다.
현재 온라인 범죄 및 개인정보 누출로 인한 피해가 증가
하게 되면서 주목받게 된 직종이다. 또 '잊혀질 권리'라고
해서 죽은 사람들에 대한 정보를 가족이 없애 달라고 요
청하기도 하고 개인적인 나쁜 역사를 없애 달라고 요구
하는 사람들도 많아서 이 직업이 나오게 되었다.

사이버 평판 관리사는 디지털 장의사와 비슷한 일을
한다. 개인이나 기업의 온라인 평판을 관리하고, 인터넷
에 떠도는 나쁜 소문을 모니터링해 긍정적으로 복구하
는 일을 처리한다. 이미지가 중요한 유명인이나 연예인
들 또는 대기업의 제품과 서비스도 사이버 평판 관리사
의 주 고객이다.

- 반려동물 행동교정사

반려동물 행동교정사는 반려견의 습성 및 특성에 대
한 전문지식을 바탕으로 반려동물의 문제행동에 대한 교
정 및 가족 간의 갈등 예방 업무를 담당하는 전문가이
다. 반려동물을 키우는 가정이 증가하는 만큼 수요가 많
은 유망 분야이다.

미래의 나의 회사나 세상에 유익한 상품과 서비스를 만들어 보자.

1단계. 사람들의 필요를 생각해 본다.

  예) 스마트폰으로 멋진 셀카를 찍고 싶은데 팔도 짧고 힘들다. 도움이
     될 만한 어떤 도구가 없을까?

  예) 싱글족이 늘어나고 있고 워킹맘도 정말 많은데 영양소도 훌륭하
     고 정말 맛있는 요리의 재료와 반찬을 배달해 주면 간단하고 편하
     게 바로 멋진 집 밥 한 끼를 즐길 수 있지 않을까?

  예) 여행 갈 때 호텔 말고 현지인의 가정집에서 현지인처럼 즐길 수
     있는 방법은 없을까?

2단계. 나의 강점이나 관심사와 연관된 제품과 서비스를
      적어 본다.

[예시1]
나는 상담에 관심이 많다. 대학생들이 인생설계를 제대로 할 수 있는
교육과 멘토링을 제공해 주는 회사를 만들고 싶다. 요즘 대학생들은
장래희망이라는 단어의 의미를 잊은 채 돈를 많이 버는 직업을 선호
한다고 한다. 대학생들에게 인생의 길잡이를 만나 꿈을 크게 꿀 수 있
는 기회를 주고 싶다.

[예시2]

나는 예쁜 신발과 운동화를 정말 좋아하고 모으려고 하는 신발덕후다. 예쁘고 편한 신발을 만드는 회사를 설립할 것이다. 그래서 한 켤레의 신발이 팔릴 때마다 한 켤레의 신발을 가난하고 어려운 사람들에게 기부할 것이다.

[예시3]

나는 소프트웨어에 정말 관심이 많다. 우수한 아이디어로 사업을 시작하고 싶은데 자금이 없는 사람들이 여러 사람들에게 소액으로 투자를 받아 사업을 할 수 있도록 '펀딩' 어플리케이션을 만들고 싶다.

[예시4]

미세먼지가 심한데 중국에 '1인 1나무 심기' 운동을 하고 공장 굴뚝마다 매연을 잡는 필터를 설치하라고 페이스북, 유튜브 등을 통해 영상 메시지를 전하고 싶다. UN과 전 세계 사람들에게도 이 영상 메시지를 전하고 싶다.

내가 세상에 내놓아 보고 싶은 상품과 서비스는 무엇인가?
아니면 캠페인은 무엇인가?

슈퍼 히어로는
세상을 구해도 된다는 자격증이 있을까?

아이언 맨, 슈퍼맨, 캡틴 아메리카 등 지구를 구한 슈퍼 히어로들은 지구를 구해도 된다는 자격증이 있을까요? 이들은 누가 부여해 준 자격증은 없지만 자신만의 무기와 실력으로 지구를 잘 지켜 냅니다. 그런데 이들에겐 더 깊이 숨겨진 무기가 있었답니다. 바로 '용기'와 '도전'이에요. 이들도 처음부터 완벽하게 잘난 영웅은 아니었답니다. 연약함과 부족함, 한계가 엄연히 있었거든요. 그런데 역경과 시련을 극복하고 도전했기에 히어로가 될 수 있었던 것이지요.

자신의 진로를 찾고 꿈을 이뤄나가는 과정도 이와 같답니다. 진로를 찾는 것은 인생의 어느 한 시점에서만 필요한 것도 아니고 일회적인 처방만으로 되는 것도 아닙니다. 진로는 말 그대로 '나아가는 인생 길'이기에 어느 한 시점도 포기하거나 잊어버릴 수 없습니다. 가끔, 쉬면서 주위를 둘러보거나 경로를 수정할 수는 있겠죠. 때로는 방황이나 시행착오도 겪게 됩니다. 하지만 방황이나 시행착오는 결코 나쁜 것이 아닙니다. 이 과정에서 배울 점을 찾고 다시 나아간다면 과거와는 한 차원 달라진 '나', 즉 '보는 눈'이 달라지고 더 큰 에너지를 장착한 사람이 될 수 있답니다.

미래는 꿈꾸고 상상하는 사람들에게는 수많은 기회가 열린 풍요로운 곳입니다. 한 초등학생이 진로특강 시간에 아이언 맨이 되겠다고 발표를 했습니다. 친구들은 야유를 퍼부었습니다. 그런 건 영화 속에나 존재하는 것이라고 친구를 놀려 댔습니다. 그런데 저는 될 수 있다고 했습니다.

"어, 2030년쯤에는 진짜 아이언 맨이 될 수도 있어. 그런 스마트 옷이 개발되었다고 들었거든."

그랬더니 순간 교실에 정적이 흘렀습니다.

"문제는 아이언 맨의 슈트가 아니라 그 슈트가 만들어졌을 때 아이언 맨처럼 행동할 수 있는가야. 슈트는 만들어졌는데 진짜 아이언 맨 옷을 입을 수 있는 사람은 어떤 사람일까? 진짜 아이언 맨이 되려면 필요한 게 뭘까?"

이제 미래에는 아이언 맨 슈트 정도는 흔할 것입니다. 그런데 문제는 그 슈트가 아니라 그 슈트를 입을 수 있는 '자격'을 갖춘 사람이 필요하다는 것입니다. 아이언 맨이 아이언 맨인 것은 슈트 때문이 아니라 악당을 물리쳐 지구를 지키는 그 용기와 사명감이 본질인 것이죠. 정작 슈트는 개발되었는데 그걸 입을 만한 사람이 없다는 것이야말로 참 안타까운 일 아닐까요? 사실, 아이언 맨의 꿈을 적고 발표를 한 아이에게 숨겨진 근본 열망은 '지구의 평화를 지키고 싶다'였습니다. 지구의 평화를 지키는 꿈을 이루는 방법 중 하나로 여긴 것이죠. 만약 아이언 맨이 될 수 없다 하더라도 어른이 되어 국제기구에서 지구를 만들기 위해 일할 수도 있는 것입니다. 세상은 정말 빠르게 변해서 지금은 불가능하다고 여겨지는 것들이 십년 후에는 정말 존재할 수도 있기 때문입니다. 이제 여러분이 살아갈 미래는 상상하고 도전하는 자의 것입니다. 마음껏 상상하고 꿈꾸고 바라는 만큼 미래의 '내'가 되는 것이니까요.

무엇보다 어느 순간에도 결코 나에 대한 믿음만은 저버리지 말았으면 합니다. 세상 사람들, 심지어 나조차도 내 자신이 실망스럽고 한심스러워 보여도 나에 대한 믿음과 자존감만큼은 스스로 지켜 내는 진정으로 '품위 있는 사람'이 되었으면 합니다.

저는 지금 이 글을 읽고 있는 '당신'을 믿습니다. 한 번뿐인 인생에 뜻을 품어 멋진 음악을 울려 낼 당신을 믿습니다. 원하는 삶을 만들어가는 방법을 깨우치고 행하는 사람이 되어 행복을 거머쥐는 당신을 믿습니다. 가끔 흔들리고 주저앉고 휘청거릴 때도 있겠지만 오뚝이처럼 다시 멋지게 일어설 당신을 믿습니다. 어제보다 오늘, 오늘보다 내일 단 1㎝라도 더 성장할 당신을 믿습니다. 무엇보다 성공하든 실패하든 어느 누구보다 자신 그 자체를 사랑하는 당신을 믿습니다.

마지막으로, 이 책을 함께 쓴 뱃속의 아가 샬롬이와 아낌없는 사랑을 주는 남편에게 감사하다고 전합니다.

2018년 8월

정학경

참고 자료

도서

- 정학경, 『내 아이의 미래력』, 라이팅하우스, 2017
- 정학경, 『학교생활 잘해야 대학도 잘 간다』, 카시오페아, 2016
- 맥스 루케이도, 최종훈 역, 『일상의 치유』, 청림출판, 2006
- 탁석산, 『성적은 짧고 직업은 길다』, 창비, 2009
- 홍기운, 김승, 『나만의 북극성을 찾아라』, 미디어숲, 2012
- 존 크럼볼츠, 앨 레빈, 이수경 역, 『굿럭: 행운은 왜 나만 비켜 가냐고 묻는 당신에게』, 새움, 2012
- 고봉익, 홍기운, 임정빈, 『이것이 진로다』, 미디어숲, 2013
- 최은수, 『넥스트 패러다임』, 이케이북, 2012
- 임한규, 『회사 창업보다 내 일자리를 만드는 창직의 힘』, 창직, 2017

신문기사, 잡지, 방송, 사이트

- 호주청년재단(FYA·The Foundation for Young Australians), '새로운 일의 질서(The New Work Order)', 2016

- 임미진, '올 추석, 조카에게 "뭐 될 거냐" 묻지 마세요', 《중앙일보》, 2017. 10. 3.

- '네 안에 숨은 '천재'를 찾아라! '7가지 직업그룹' 알아야 미래 진로가 보인다', 《톡톡 매거진》, 2018. 3.

- 최은수, '"놀아도 돈이 쌓인다고요"…'패시브 인컴' 사회의 탄생', 《매일경제신문》, 2015. 7. 10.

- 김세영, 박기석, '대학은 선택일 뿐, 좋아하는 일하며 세상과 맞선다', 《조선에듀》, 2017. 4. 10.

- 이성경, '15 떡볶이 소녀에서 '떡 장인'으로', 《한국경세TV》 [THE 메이커스], 2018. 2. 6.

- 이선주, '한국 교육의 트렌드를 바꾸는 고등학생 CEO', 《조선일보》, 2016. 11. 25.